ALSACE-LORRAINE

DEVOIR

DE

LA FRANCE

Tu ne cede malis, sed contra auden-
tior ilo.
O France, ne fléchis pas sous le poids
de tes malheurs, mais fais des efforts
suprêmes, pour réveiller ton audace et
ton énergie.

PRIX : 1 FRANC

Par la poste 0 fr. 25 cent. en plus

PARIS

SANDOZ ET FISCHBACHER, LIBRAIRES-ÉDITEURS

33, RUE DES SAINTS-PÈRES ET RUE DE SEINE, 33

M DCCC LXXIII

ALSACE-LORRAINE

DEVOIR

DE

LA FRANCE

ALSACE-LORRAINE

DEVOIR

DE

LA FRANCE

> *Tu ne cede malis, sed contra auden-*
> *tior ito.*
> O France, ne fléchis pas sous le poids
> de tes malheurs, mais fais des efforts
> suprêmes, pour réveiller ton audace et
> ton énergie.

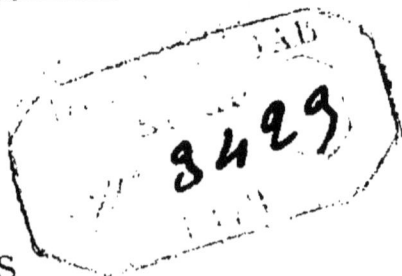

PARIS

TYPOGRAPHIE GEORGES CHAMEROT

RUE DES SAINTS-PÈRES, 19

M DCCC LXXIII

SOMMAIRE :

I

revanche, aussi prompte que possible, est pour la France une question d'honneur.

II

revanche, prompte et éclatante, est pour la France une question de justice.

III

La revanche, libératrice, s'impose à la France comme une question de vie et d'existence.

———

DEVOIR

DE

LA FRANCE

Un grand roi avait une fille douée de toutes les qualités du corps et de l'âme. Il la chérissait avec tendresse, lui procura un mari digne d'elle et la dota richement. Elle eut une nombreuse postérité. Grâce à l'intelligence et à la sagesse de son noble époux, elle régna longtemps sur plusieurs régions et provinces. Tous les peuples de la terre recherchaient son amitié, apprenaient sa langue (1), adoptaient sa religion, imitaient ses mœurs, ses arts, et entretenaient avec elle des relations d'amitié et de commerce. Universellement, elle était regardée comme la reine des nations. En retour elle se montrait reconnaissante

(1) « Les étrangers de tout pays, de tout âge, de tout sexe, de toute condition, se font aujourd'hui un honneur et un mérite de savoir la langue française. » (Fénelon, *Mémoire sur les occupations de l'Académie française.*)

envers l'Auteur de tout bien et fidèle aux préceptes du quatrième commandement. Elle honorait le représentant du grand roi, son père, défendait sa cause et lui rendait toutes sortes de bons offices. Après un long laps de temps, il arriva que des étrangers, jaloux de l'union heureuse entre la princesse et son noble époux, cause de tant de prospérité, travaillèrent de toutes manières à troubler cette harmonie. Il n'est point de calomnies qu'ils n'inventèrent contre le mari ; ils le firent passer pour adultère, despote, tyran ; ils ameutèrent les passions de la foule, toujours crédule, et provoquèrent violemment non-seulement le divorce, mais l'homicide du mari : double crime qui bouleversa complétement le royaume. Durant les jours de trouble et de bouleversement, un aventurier, Corse d'origine et capitaine heureux sur les champs de bataille, força la main de la reine veuve. A l'aide des trésors et des soldats du royaume, il joua le rôle de conquérant et devint le fléau de l'humanité. Son ambition ne connut plus de bornes ; toute l'Europe fut hachée, bouleversée pour former des principautés de fantaisie à l'usage de sa famille; il s'attaqua même au représentant du grand roi, père de la reine qu'il avait si sacrilégement épousée, le dépouilla de ses possessions et se permit contre lui des attentats inouïs. L'audacieuse violation de tous les droits divins et humains ne tarda pas à être châtiée d'une manière exemplaire. La vengeance du Ciel éclata terrible sur le royaume de la princesse ; tous les peuples de l'Europe l'envahirent à deux reprises différentes et lui firent souffrir de grands maux. Cependant l'usurpateur du trône de la reine mourut misérablement abandonné sur un rocher de l'Océan, et le représentant du père de la princesse rentra dans la possession de tous ses biens ; mais, pour le malheur du genre humain, l'usurpateur laissa une race plus perverse que lui. Celle-ci, par ruse, intrigue, corruption, sut maintenir sa funeste influence à la cour et dans le royaume de la reine réconciliée avec la famille de son premier mari, et, après de nouveaux troubles et agitations, l'un de ces maudits rejetons parvint également à violenter la reine et à lui imposer son mariage. Sans aucun génie militaire, plus aventurier encore que l'auteur de son nom, il se jeta en fou dans toutes sortes de guerres ; il ne respecta pas non plus l'honneur du représentant du grand roi, père de la princesse. Il fit de secrètes alliances avec tous ses ennemis, qui, de connivence avec lui, le dépouillèrent de toutes ses possessions.

L'hypocrite adultère, non content de livrer le patrimoine du représentant du père de sa femme et de ses nombreux enfants à des mains étrangères, fit en sorte que par ses intrigues, son astuce, sa violence, les ennemis du père de sa femme, qu'il avait caressés et traités en amis, devinrent également les ennemis du pays dont il avait usurpé le gouvernement. Dans sa folie, partagée par un entourage de courtisans insensés, il avait trouvé leurs frontières mal délimitées. En conséquence, il leur permit de s'agrandir démesurément. Ils profitèrent de leur agrandissement pour le perdre, ainsi que le royaume qu'il gouvernait. Son voisin le plus proche, dont il avait criminellement aidé l'agrandissement, profita de son embarras pour l'attirer dans un piége. A l'improviste il tomba sur lui, lorsqu'il n'était pas préparé, le ruina et mutila le pays dont il avait usurpé le pouvoir, et, chose inouïe dans les annales de l'histoire, le vainqueur fit payer au pays désolé, en dehors d'autres déprédations de tout genre, une indemnité de cinq milliards, lui enleva deux de ses plus belles et riches provinces, qu'il continue de dépouiller et de détenir en esclavage. Les deux malheureuses et innocentes victimes de la folie d'un gouvernement inepte et parjure, ayant les bras et les mains enchaînés, lèvent maintenant vers leur mère le poids de leurs chaînes, implorent sa pitié et la supplient par leurs cris lamentables d'avoir compassion de leur détresse et de leurs misères ; d'oublier tout autre souci et de faire un effort suprême, afin de briser sans délai leurs fers et de hâter le jour de leur délivrance.

Pour parler sans image, la France, égarée par le mauvais génie de la Révolution et du napoléonisme, grâce à ses votes, à ses plébiscites insensés, à sa rupture avec ses rois légitimes et ses traditions nationales, a perdu l'Alsace et la Lorraine, si ardentes et si généreuses dans leur patriotisme. Aujourd'hui elle se trouve placée dans la cruelle et sanglante alternative ou de *périr* ou de *reconquérir* ces deux provinces perdues par la folie de ses mauvais gouvernements. Tout le passé de son histoire, tout sentiment de dignité et d'intérêt national lui font l'impérieuse obligation de se relever aussi vite que possible de ses humiliations et de ses désastres. *La revanche prompte, éclatante, semblable au destin des anciens, s'impose inexorablement à sa conscience comme la nécessité inéluctable d'une question d'honneur, de justice et de vie.*

I

LA REVANCHE, AUSSI PROMPTE QUE POSSIBLE, EST POUR
LA FRANCE UNE QUESTION D'HONNEUR.

Les peuples, comme les individus, ont ici-bas leur
mission à remplir. La plupart des hommes sont destinés
à l'obscurité et n'arrivent pas à un rôle connu. Ainsi
en est-il des nations. Celles-ci aussi en majorité disparaissent sans bruit ni éclat de la scène du monde. Elles
peuvent parfois attester la vérité du proverbe : « Heureux ceux qui n'ont pas d'histoire ! » Cependant tous
les peuples entrent dans le plan de la Providence et
dans l'harmonie de l'ensemble du genre humain. Si
dans le corps de l'homme les divers membres ont
leurs fonctions assignées, si les yeux les éclairent et la
tête les dirige tous; si, dans notre système solaire,
le soleil projette sa lumière sur toutes les autres pla-
nètes, qui contribuent à la beauté et à la splendeur
des cieux, ainsi le Créateur et l'ordonnateur de toutes

choses a prédestiné certains peuples pour éclairer les autres et leur imprimer une direction salutaire. Fidèles à leur mission, ils sont récompensés dans ce monde, par la paix, la gloire, la prospérité nationale; infidèles, ils sont punis par la guerre civile, étrangère, par des humiliations, la conquête; s'ils restent impénitents incorrigibles, ils disparaissent en qualité de corps moraux, et sont effacés du rang des peuples, parce qu'ils sont devenus inutiles et que leur existence n'a plus de raison d'être. Placés sur le chandelier de l'histoire, ils attestent à tous les hommes l'action juste, paternelle de la Providence dans le gouvernement des choses de ce monde.

Avant Jésus-Christ, on nomme les Égyptiens, les Assyriens, les Grecs et les Romains. Au-dessus d'eux, planent les Juifs, à l'instar d'un phare lumineux; ils sont providentiellement mêlés à toutes les races historiques et destinés à leur annoncer les merveilles, la justice du Très-Haut, et à les préparer à l'avénement du Sauveur. Les péripéties, la prospérité et les désastres de leur patrie proclament leur mission privilégiée. Après Jésus-Christ, il y eut comme une nouvelle création et une autre humanité. Le vieux monde, le monde païen, croula, et l'ancienne société fut entièrement modifiée au profit du Verbe éternel, incarné dans le fils de Marie. L'empire romain, qui avait établi sa domination sur toutes les autres nationalités connues et créé l'unité matérielle du monde, afin de faciliter la prédication et l'unité spirituelle de l'Évangile, devint lui-même la proie des barbares. Ceux-ci, convertis au christianisme, formeront les peuples modernes et seront destinés à porter la civilisation chrétienne dans l'univers entier. Leur œuvre et leur mission ne sont pas encore achevées; avant d'être aptes à remplir leurs rôles de civilisateurs universels, il faut le long travail des siècles. A leur tête marchera la race franque, qui aura une destinée analogue à celle du peuple juif. Elle devra servir de flambeau aux autres races et sera le soldat armé du Christ. Fidèle à sa haute vocation, elle deviendra la nation la plus prospère, la plus glorieuse du globe; infidèle, elle sera châtiée d'une manière exemplaire, en sorte que ses grandeurs et ses chutes, sa prospérité et ses désastres sont des leçons historiques et vivantes; mais, dans ses plus profonds abaissements, Dieu ne lui a jamais retiré sa miséricorde.

Toujours, comme anciennement au peuple juif, dans ses malheurs extrêmes, il lui a envoyé un secours extraordinaire. C'est pourquoi la Providence, qui fait tout avec poids et mesure, qui donne aux peuples comme aux individus les moyens de remplir la mission qu'elle leur assigne, rendit la race franque maîtresse de la Gaule. Elle dota les Francs saliens, comme jadis les Juifs, d'une contrée privilégiée où coulent également le lait et le miel. Ce pays, situé au centre ouest de l'Europe, baigné par trois mers, irrigué par des fleuves nombreux, riche en productions de tout genre, vrai paradis terrestre, sera destiné à former le royaume le plus beau après celui du ciel, mais à la condition qu'il sera le tuteur, l'épée du Christ et de son Église.

Depuis leur dispersion, les peuples partis de la plaine de Sennaar étaient poussés par une voix mystérieuse d'orient en occident vers Rome, où Dieu avait dressé la chaire de la vérité chrétienne. Dans cette marche séculaire et cette formation lente des races guerrières, les Francs, venus des bords du Rhin dans le nord de la Gaule, s'y établiront et seront les premiers à embrasser la foi catholique. Leur nation sera miraculeusement enfantée à Jésus-Christ sur le champ de bataille et baptisée dans ses représentants à Reims, grâce à la sainteté des femmes et des évêques de la Gaule. La victoire de Tolbiac, due au Dieu de Clotilde, refoula bien au-delà du Rhin, en 496, les Allamans, une des tribus les plus féroces de la Germanie, qui avaient envahi l'Alsace et la Lorraine. Après leur baptême, les Francs, assimilés aux Gallo-Romains, en majorité catholiques, feront rapidement la conquête de toute la Gaule, et monteront la garde sur les bords du Rhin, de l'Océan, de la Méditerranée, refoulant de gré ou de force tous les barbares du nord et de l'est, de l'ouest et du sud qui ravageront leurs terres. Allemands, Goths, Saxons, Teutons, Normands, Huns, Danois, Arabes, Anglo-Saxons, peuples à noms connus ou inconnus

viendront se heurter contre leur épée ; toujours leurs
chefs les plus renommés, Pépin d'Héristal, Charles
Martel, Pépin le Bref, Charlemagne, saint Louis,
Jeanne d'Arc, Louis XIII, Louis XIV, continueront
l'œuvre de Clovis ; ils briseront l'audace des envahisseurs et des ennemis de l'Église ; ils conserveront les
frontières naturelles de la France et seront les pionniers de l'Évangile et de la civilisation chrétienne.

Ainsi le fondateur de la monarchie franque, Clovis,
inaugura son règne par la délivrance merveilleuse des
deux provinces, aujourd'hui au pouvoir des hordes
apostates du Nord, qui, au milieu des splendeurs du
christianisme, n'ont rien oublié de la rapacité de leurs
ancêtres. Il commença la mission providentielle de
son vaillant peuple en le rendant l'apôtre du Christ.
Sans doute, dans cet apostolat, il y aura des lacu-
nes et des défaillances ; mais, malgré les apparences
contraires, la nation française restera la fille aînée
de l'Église, son bras armé, le défenseur naturel de la
papauté.

C'est pourquoi toute la chrétienté s'est réjouie de la
conversion de Clovis et de la nation franque. Plusieurs
saints pontifes leur prédirent les hautes destinées, et
le grand rôle que la Providence leur assigne dans le
cours des siècles. Le pape Anastase écrivit à Clovis :
« Glorieux et illustre fils, soyez la consolation de votre
mère l'Église ; devenez pour la soutenir une colonne
de fer. Nous espérons dans la personne d'un si grand

prince un protecteur capable de la défendre contre tous ses ennemis. » Saint Avit, évêque de Vienne, quoique sous la domination des Burgundes, adressa également à Clovis une lettre de félicitation et d'espérance : « Votre foi devient notre victoire, vos combats sont nos triomphes. Vous avez appris de vos aïeux à régner sur la terre, et vos descendants apprendront de vous à régner dans le ciel; lumière et soleil de l'Occident, après avoir éclairé toute votre nation et l'avoir entièrement consacrée à Dieu, vous porterez par vos envoyés le flambeau de la foi aux peuples les plus lointains, qui vous garderont une éternelle reconnaissance. »

« Saint Remi vit aussi en esprit qu'en engendrant à Jésus-Christ les rois de France avec leur peuple, il donnait à l'Église d'invincibles protecteurs. Ce grand saint et ce nouveau Samuel, appelé pour sacrer les rois, sacra ceux-ci, comme il l'a dit lui-même, pour être les *perpétuels défenseurs de l'Église et du peuple*, digne objet de la royauté. Après leur avoir enseigné à faire fleurir les églises et à rendre les peuples heureux, il priait nuit et jour qu'ils persévérassent dans la foi, et qu'ils régnassent selon les règles qu'il leur avait données, leur prédisant en même temps qu'en dilatant leur royaume, ils dilateraient celui de Jésus-Christ, et que, s'ils étaient fidèles à garder les lois qu'il leur prescrivait de la part de Dieu, l'empire romain leur serait donné, en sorte que des rois de France sortiraient des empereurs, dignes de ce nom, qui feraient régner Jésus-Christ (1). »

La mission de la nation franque, qui sera le soldat et l'apôtre du Christ, lui est tracée, dès sa vocation au christianisme. Des hommes inspirés de l'esprit de Dieu la lui indiquèrent et prièrent pour sa persévérance, source de sa grandeur. Elle se caractérisa encore mieux par le sacre que saint Remi ajouta au baptême de Clovis. Cette imposante cérémonie, imitée de l'Ancien Testament, avait lieu pour rendre plus modéré le pouvoir des rois chrétiens, en lui rappelant sa double dépendance de Dieu et des hommes. « Fier Sicambre, disait le grand évêque de la Gaule à Clovis, lorsqu'il l'oignit de l'huile sainte, brûle ce que tu as adoré et adore ce que tu as brûlé. » En d'autres termes : Jusqu'ici tu as été le défenseur de l'idolâtrie et le persécuteur de la vraie religion; sois dorénavant l'appui de l'Église; renonce à la force brutale; ne compte pas seulement sur ton épée; appuie-toi sur la justice; sache qu'il y a au ciel un Souverain qui juge les rois, et que sur la terre tu ne dois vivre que pour le bonheur de tes peuples. Dans le sacre, le prince jurait d'être le défenseur de la foi, le tuteur des églises et de ses ministres, le gardien des franchises de la nation. Et le clergé et le peuple acclamaient leur soumission et leur fidélité au monarque. Le but et le sens

_____

(1) Bossuet, *Sermon sur l'unité.*

de cette solennité, c'était de rendre les rois humbles
envers Dieu; humains envers les peuples, vigilants et
courageux à les défendre. « La sainte Ampoule ne fut
donc qu'un hiéroglyphe pour qui sait lire, et depuis
saint Remi, les évêques, successeurs des druides et des
bardes, ont été les véritables Orphées de l'Europe, qui
apprivoisèrent les tigres et se firent suivre par les
chênes (1) », c'est-à-dire, ils apprivoisèrent la barbarie
des conquérants et les rendirent aptes à la vraie liberté
et civilisation.

Le baptême et le sacre de Clovis lui gagnèrent le
cœur des Gallo-Romains, en majorité catholiques,
qui étaient opprimés par les Burgundes et les Visigoths ariens, établis au centre et au sud de la Gaule.
Le chef des Francs, quoiqu'il conservât après le baptême l'instinct barbare, réalisa néanmoins l'espérance
des catholiques: il les délivra de l'oppression des héré-
tiques; il rendit les Burgundes tributaires (500); il
défit les Visigoths à Vouglé près de Poitiers (507), et
devint le maître de la plus grande partie de la Gaule.
Aussi, à son passage à Tours, trouva-t-il les ambassa-
deurs de l'empereur d'Orient, qui lui remirent les titres de consul et de patrice, symboles publics du
droit impérial. Clovis, aux yeux des Gallo-Romains,
n'était plus le conquérant barbare et païen, mais le
prince orthodoxe, le consul de Rome et le protecteur

(1) De Maistre.

de l'Église. A ce titre, la soumission des vaincus devenait facile et honorable.

C'est ainsi qu'au moment où tout semblait déses-
péré, que l'empire romain était envahi de toutes parts,
que la foi orthodoxe n'avait pas un bras pour la défendre, Dieu, toujours admirable dans ses voies, sus-
cita miraculeusement la nation franque, lui confiant
la noble mission de propager l'Évangile, d'être le perpétuel défenseur de l'Église, contre les attaques de
l'hérésie et de l'infidélité. Fidèle à cette belle vocation,
nous le répétons, elle sera au-dessus de toutes les autres nations, grande, prospère, heureuse. Infidèle, elle
sera ramenée par le malheur dans ses voies naturelles.
Car un peuple, pas plus qu'un individu, n'abandonne
impunément le poste que la Providence lui assigne.
Cette vérité ressort clairement de l'histoire de France.

Durant la période des Mérovingiens, l'esprit de l'É-
vangile pénétra les races barbares et conquérantes de
l'Occident; il modifia leur humeur nomade et guer-
rière; il les fixa au sol, les rendit aptes à la vie civile;
leur glaive se convertit en soc de charrue, selon l'ex-
pression énergique réalisée du prophète Isaïe. Le
droit de la force céda aux lois éternelles de la justice.
Les principaux instruments de cette transformation sociale furent les grands saints, qui, à l'époque de la conquête de Clovis, florissaient en Occident. Saint Martin,
saint Germain d'Auxerre, saint Hilaire d'Arles, saint
Loup, saint Césaire, saint Avit, saint Remi, sainte Ge-

neviève, saint Prosper, saint Vincent de Lérins, saint Orient, le pape saint Symmaque, tous ces hommes dévoués à Dieu et aux hommes exerçaient une influence immense sur les vainqueurs et les vaincus, par leurs talents, leurs vertus et les services qu'ils rendaient à l'humanité souffrante. M. Guizot, dans son *Histoire de la civilisation*, exalte cette influence salutaire des évêques, lors de l'invasion des barbares dans l'empire romain. « Les évêques étaient les chefs naturels des villes ; ils administraient le peuple dans l'intérieur de chaque cité ; ils le représentaient auprès des barbares ; ils étaient ses magistrats au dedans, ses protecteurs au dehors, ils devinrent les conseillers des rois (1). »

On comprend facilement que cette action multiple et incessante des saints, de ces hommes extraordinaires, sur les éléments de la société en dissolution, dut hâter l'assimilation des diverses races et contribuer à modifier le caractère naturellement insolent des conquérants.

Cependant les enfants de Clovis ne marchèrent pas dans les voies que saint Remi leur avait marquées. « Dieu les rejeta de devant sa face, mais il ne retira pas sa miséricorde de dessus le royaume de France. Une seconde race fut élevée sur le trône, Dieu s'en mêla (2). »

Non, Dieu ne retire pas sa miséricorde de la nation franque, dussent ses gouvernants devenir mauvais.

(1) 8e leçon.
(2) Bossuet, *Sermon sur l'unité.*

Ceux-ci seront alors brisés comme inutiles ou nuisibles, et la nation, purifiée dans le malheur, continuera *sa grande mission*, et aura des gouvernements plus fidèles à l'esprit de l'Évangile. Tandis que Rome impénitente avait succombé sous le fer et sous le feu des Goths, des Vandales et des Huns; que Constantinople, mère des hérésies d'Arius, de Nestorius, d'Eutychès et des iconoclastes, affaiblie sous le dissolvant des disputes théologiques sans cesse renaissantes, laissait envahir ses provinces les plus fertiles, la Syrie, l'Égypte, l'Afrique et l'Espagne par l'islamisme, qui résume toutes les hérésies antérieures : l'arianisme, le nestorianisme et l'eutychéisme; qui anéantit les rapports du fini et de l'infini, et fait revivre le fatalisme et la corruption du paganisme, Charles Martel, maire du palais, à la tête des Francs, arrêta aux environs de Poitiers (731) cette explosion terrible du droit de la force, aspirant de nouveau à la domination universelle; il brisa dans l'Occident le cimeterre de Mahomet dont le code renferme cette alternative : *Meurs ou crois au prophète.* En reconnaissance de ce signalé service, Pépin le Bref, fils de Charles Martel, fut appelé (751) à la royauté par la nation, que des princes incapables gouvernaient : élévation et changement de dynastie que le pape Zacharie, consulté, approuva (1).

Pépin, roi des Francs, se montra digne de ce titre.

(1) « On voit par cette consultation combien le pouvoir du

Il acheva d'expulser les Sarrasins des Gaules; il favo-
risa de toutes manières la propagation de l'Évangile
en Allemagne, par saint Boniface et ses compagnons;
il força les Saxons à recevoir les ouvriers évangéliques
que l'Église leur envoyait; il protégea l'indépendance
du saint-siége contre les Grecs et les Lombards. Dans sa
reconnaissance le pape saint Paul écrivit à toute la nation des Francs : « Me trouvant impuissant de vous té-
moigner dignement ma gratitude, je me console dans
la pensée qu'il est au ciel un juste juge qui vous en
récompensera. Car le nom de votre nation est élevé
au-dessus des autres nations, et le royaume des Francs
brille avec éclat aux yeux de Dieu, par la gloire de
posséder des rois libérateurs de l'Église catholique et
apostolique. »

Charlemagne, digne fils de Pépin, ayant détruit le
royaume des Lombards, délivré l'Italie et l'Église de
l'oppression, reçut un titre plus auguste encore que
celui de roi. C'est en sa personne que s'accomplit la
vision prophétique de saint Remi, savoir : « L'empire
romain sera donné aux rois des Francs. »

Depuis trois siècles, depuis Augustule (474), l'empire
d'Occident n'existait plus. Il avait fait place aux royaumes des Goths, des Francs et des Lombards. Mais, à

pape, comme puissance directive des peuples catholiques, avait
passé dans les mœurs. L'Église ne destituait ni n'instituait les
princes laïques; elle répondait seulement aux nations qui la
consultaient sur ce qui touche à la conscience. » (Fénelon.)

dater de Constantin, l'influence des successeurs de saint Pierre, dans l'ordre même temporel, était insensiblement devenue prépondérante à Rome et très-grande dans l'univers. Dès le berceau du christianisme, les papes étaient en possession d'immenses propriétés; ils avaient sauvé à plusieurs reprises Rome du sac des barbares, et intercédé près des vainqueurs en faveur des peuples opprimés, principalement de ceux de l'Italie, que l'empire d'Orient avait abandonnés à leur sort, soit par faiblesse, soit par jalousie.

Le peuple romain regardait donc les papes comme ses sauveurs, ses appuis naturels, et reconnaissait en eux par la nature des choses, outre le titre de père de toute la chrétienté, un souverain de fait, qui le devint de droit, lorsque la maison de Charles Martel arracha Rome à la convoitise des Lombards et authentiqua la principat temporel de la papauté.

Cependant, comme l'Église, avec son chef désarmé, se trouvait souvent en butte à l'insolence des factieux, le pape Léon III voulait avoir une épée dévouée qui pût au besoin le défendre contre les attaques des mauvaises passions. C'est pourquoi, ayant consulté soixante-douze évêques, il résolut de renouveler l'*empire d'Occident*, mais sur une base qui exprimât le nouveau droit introduit dans le monde par le christianisme. Le premier empire romain avait été fondé sur la force, sur l'oppression du faible et sur l'idolâtrie; le second le sera sur la justice, sur la défense de l'opprimé, sur la religion de Jésus-Christ. Rome païenne absorbait le spirituel comme le temporel. Rome chrétienne harmonisera l'Église et l'État, et laissera à chaque ordre l'influence qui lui est propre. Un instinct matériel, l'esprit de domination universelle, animait l'œuvre de Romulus et des Césars. La foi dans le Christ, la moralisation de l'humanité sera la vie, l'âme de l'institution de Léon III. Le premier était souvent accordé au plus offrant par un sénat avili ou par une soldatesque vénale; le second, fondé sur le sacre, et œuvre du Souverain Pontife, procédait de la volonté divine et du jugement de l'Église. Le nouvel empire romain diffère donc de l'ancien en tant que l'esprit l'emporte sur le corps. L'an 800, le jour de la naissance de Jésus-Christ, à la basilique de Saint-Pierre de Rome, le pape saint Léon III crée et consacre, au milieu des acclamations du peuple, ivre de joie, dans Charlemagne le saint empire romain, c'est-à-dire l'organisation de la force matérielle au service de l'intelligence, du dévouement et de la foi religieuse. Dans cet empire, Charlemagne n'aura pas proprement dit de successeur; mais le Saint-Empire, consacré en sa personne, subsistera d'une manière ou d'une autre. Car il n'est rien autre chose que l'Europe chrétienne, qui, après mille ans, en dépit des obstacles, sent toujours le noble besoin d'employer sa puissance, ses lumières, son sang à la gloire de Dieu et à la propagation de l'Évangile. Et la France, malgré ses révolutions, ses désastres et l'apostasie d'un grand nombre de ses enfants, continue encore l'œuvre de Charlemagne sur toutes les plages de l'univers.

Que le nouvel empire ne fût qu'un bras, qu'un corps donné à la vérité et à la justice, Charlemagne le comprit parfaitement et le proclama à la face de tous les siècles. Il écrivit à la tête de ses Capitulaires ou de ses lois ces paroles mémorables, qui font éclater le rôle de sa mission providentielle: « Notre-Seigneur Jésus-Christ régnant à jamais, moi Charles, par la grâce et la miséricorde de Dieu, roi du royaume des Francs, dévot défenseur et humble auxiliaire de la sainte Église de Dieu (1). »

Charlemagne fut fidèle à sa mission. Son génie à la fois militaire, législateur et administrateur, dirigea et domina toute son époque. « Vaillant, savant, modéré, guerrier sans ambition, et exemplaire dans sa vie, malgré les reproches des siècles ignorants; ses conquêtes prodigieuses furent la dilatation du règne de Dieu, et il se montra très-chrétien dans toutes ses œuvres. Jamais règne n'a été si fort ni si éclairé; jamais prince n'a été moins guidé par un faux zèle; jamais on n'a mieux su distinguer les bornes de deux puissances (2). » Charlemagne marque la limite à laquelle

(1) Regnante Domino Nostro Jesu Christo in perpetuum, ego Karolus, gratia Dei ejusque misericordia donante, rex et rector regni Francorum et devotus sanctæ Dei Ecclesiæ defensor, humilisque adjutor. (Bal., I.)

(2) Bossuet, *Sermon sur l'unité.*

est enfin consommée la dissolution de l'ancien monde romain, et où commence véritablement la formation de l'Europe moderne, du monde nouveau. Il fut l'apôtre vrai du Christ en Allemagne contre les Saxons, qu'il dompta et convertit en masse; en Espagne, contre les Sarrasins, qu'il contint et refoula; en Italie, contre les factieux, qu'il réduisit à l'impuissance. Il arrêta les peuples du Nord, chercha à les fixer au sol, en les convertissant au christianisme. Dès lors, ces barbares formeront eux-mêmes une barrière vivante, qui arrêtera et civilisera d'autres barbares.

Pour le bien de la religion et celui de l'humanité entière, Charlemagne acheva de fonder l'indépendance temporelle de l'Église romaine. Il confirma et augmenta toutes les donations de ses prédécesseurs. Quoique ses descendants n'eussent pas son génie ni sa force, néanmoins ils restèrent animés de la même bonne volonté envers l'Église, et à leur plus grande gloire, ainsi qu'à celle de l'épiscopat et du peuple français, les Carlovingiens ne fomenteront jamais ni un schisme, ni le parti d'un antipape.

Cependant la maison de Charlemagne, affaiblie par des divisions intestines, ne pouvant plus défendre la patrie contre les incursions des Normands, devint également incapable de servir de tutrice à l'Église romaine: les papes se virent forcés de jeter les yeux sur les rois d'Allemagne et d'implorer leur appui contre les attaques des factieux de Rome. Othon, fils de sainte Mathilde, après avoir juré sur les saints Évangiles qu'il sera le protecteur de l'Église romaine, ainsi que du patrimoine de saint Pierre, et après avoir solennellement garanti les droits temporels de l'Église romaine, fut proclamé et sacré empereur par le pape Jean XII en 962.

Malheureusement les empereurs d'Allemagne oublièrent souvent la fin de la dignité impériale. Au lieu de se borner d'être rois d'Allemagne et les auxiliaires nés du saint-siége, selon l'essence de leur titre : *Rex Germaniæ et defensor Ecclesiæ*, ils eurent souvent la prétention de vouloir ressusciter l'empire matériel et dominateur de Rome : *Urbis et orbis gubernacula tenemus*. Trompés par des suggestions de juristes plus païens que chrétiens, ils caressèrent l'idée de faire revivre l'arbitraire des anciens Césars, dont les caprices pouvaient être autant de lois : *Quidquid ei placuit, juris ad instar erit. Cæsar lex viva*. Les papes s'opposèrent aux entreprises liberticides des Césars allemands, avec un courage invincible. Leur prudence déjoua tous les artifices ; leur fermeté brisa toutes les violences. Ils maintinrent la liberté et l'indépendance de l'Eglise, et avec elle la liberté et l'indépendance de tous les rois et peuples de l'Europe. C'est là la source et la raison de tous les démêlés des papes avec les empereurs d'Allemagne. Les luttes de Grégoire VII contre Henri IV, d'Alexandre III contre Frédéric Barberousse, de Grégoire IX et d'Innocent III contre Frédéric II, nous offrent le palpitant spectacle de l'idée chrétienne aux prises avec le pouvoir qui prétendait raviver l'idée païenne. Et le despotisme a toujours été forcé de s'avouer vaincu, devant l'immortelle liberté du Christ. Grégoire VII, Alexandre III, Innocent III, Jean XXII, sont les bienfaiteurs non-seulement de l'Église, mais de la société et de l'humanité, qu'ils délivrèrent du despotisme brutal. Aujourd'hui Pie IX, en lutte avec Victor-Emmanuel et l'empereur Guillaume, se montre le digne successeur de ses ancêtres. Grâce donc à l'énergie de la papauté, l'indépendance des nations et la dignité personnelle ont été maintenues en Europe. Sous l'action bienfaisante de l'Église s'est formée peu à peu en Occident la monarchie chrétienne, où l'ordre spirituel et l'ordre temporel sont distincts sans être confondus, chacun existant avec sa sphère d'action ; où le souverain ne règne pas selon son caprice, mais par et selon la loi ; où l'impôt doit toujours être consenti par la nation ; où le peuple est consulté et donne son suffrage pour un changement de dynastie ; où le chef ne peut *opérer aucun démembrement de royaume* ni *changer l'ordre de succession ;* où le sujet conserve en toutes circonstances le droit de pétition et parfois celui de remontrance ; où tous les malheureux, les oppressés trouvent sûreté et protection ; où la souveraineté publique réside dans la nation présidée et gouvernée par son roi ; où les lois les plus importantes sont délibérées et votées par les assemblées générales (champ de mai ou de mars, états-généraux, parlements) et sont sanctionnées et promulguées par le monarque ; où le roi n'est pas juge dans sa propre cause, mais plaide pour ce qui le concerne dans des tribunaux indépendants qui peuvent le condamner quand la justice se trouve du côté du sujet lésé (1).

Après le transfert de la couronne impériale aux princes allemands, la dynastie carlovingienne disparut en France, et celle de Robert le Fort, d'Eudes duc de France, fut sacrée à Noyon dans la personne de Hugues Capet. Le pape Sylvestre II, comme deux siècles et demi auparavant le pape Zacharie, approuva la conduite des Francs. Ceux-ci, ou mieux les Gallo-Romains, quoiqu'ils vissent la couronne de Charlemagne sortie de leur nation, conservèrent leur mission d'être les pionniers de la civilisation chrétienne, d'abord en Europe, et plus tard dans le monde entier. Au douzième siècle (1164), quand le roi d'Angleterre, Henri II, poursuivait sur terre et mer Thomas Becket, l'archevêque de Cantorbéry et lui refusait l'eau et le feu, Louis le Jeune, roi de France, malgré les menaces du monarque anglais, fit adresser au prélat fugitif ces fières paroles : « Allez dire à l'archevêque de Cantorbéry que le roi de France ne l'abandonnera jamais. Je ne veux point *perdre l'ancien droit de ma cou-*

(1) De Maistre, *Considérations sur la France.*

ronne : mon royaume a toujours été en possession de protéger l'innocence opprimée et d'être le refuge de ceux qui souffrent pour la justice. »

Avec le concours des Normands, que les Français avaient conquis au christianisme, ils chassèrent les Sarrasins du midi de l'Italie et y préparèrent le règne de la famille des Bourbons; par les mêmes Normands, ayant à leur tête Guillaume le Conquérant, ils implantèrent en Angleterre la langue, les coutumes, les institutions de la France. Et le français y resta jusqu'à Édouard III, c'est-à-dire jusqu'au milieu du quatorzième siècle, la langue de la cour et des tribunaux. Il est devenu l'élément noble de l'Anglais. Les barons français aidèrent également les chrétiens d'Espagne et du Portugal à chasser les Arabes.

Mais la grande lutte de la chrétienté contre l'empire antichrétien de Mahomet va commencer, et elle ne finira que par la ruine de celui-ci. Jusqu'ici la religion du Christ a combattu contre le judaïsme et le paganisme, organisés dans la synagogue et l'empire romain. Elle les a brisés comme institutions ; elle a ensuite combattu contre les hérésies d'Arius, de Nestorius, d'Eutychès, également organisées dans les gouvernements des empereurs de Byzance ou dans les divers royaumes des Goths, des Burgundes et des premiers barbares envahisseurs, elle les a encore brisées comme institutions ; elle a trouvé l'empire d'Occident en dissolution et les peuples barbares se faisant des

2.

guerres d'extermination. Elle les a baptisés, fixés au sol, civilisés, en a formé une famille de peuples divers de langues, de races, de caractères, mais unis par les liens d'une même foi. A l'aide des Francs, elle a ressuscité l'empire romain sur une base chrétienne. Au onzième siècle, les nations de l'Occident, défendues spirituellement par le pape, et matériellement par l'empereur romain et leurs souverains respectifs, étaient assez fortes pour n'avoir plus rien à craindre des invasions du Nord et de l'Est. Quoiqu'elles conservassent l'humeur batailleuse de leur ancienne barbarie, elles étaient, extérieurement affermies contre l'ennemi commun, qui avait osé les attaquer en Europe et souiller de sa présence les lieux saints, berceau de leur foi. Bethléem, Jérusalem, Nazareth, le Saint-Sépulcre, tous les théâtres et les souvenirs de la charité du Sauveur, sont au pouvoir des musulmans. Les pèlerins ne peuvent s'en approcher qu'au péril de leur honneur et de leur vie. Un cri d'alarme et de détresse est sorti de l'Orient. L'empereur grec Alexis Comnène, trop faible pour se défendre, appelle à son secours les guerriers de l'Occident; mais celui qui remuera l'Italie, la France, l'Allemagne, ce sera un pauvre enfant de la France, du nom de Pierre l'Ermite, d'Amiens; il gagnera le pape français Urbain II et ensemble ils prêcheront la guerre sainte au concile de Clermont en 1095, et dans toute la chrétienté. Les paroles enflammées du pape et de son compatriote Pierre l'Ermite réveilleront tous les princes chrétiens ; ils oublieront leurs longues querelles ; ils fraterniseront et s'enrôleront avec leurs nombreux vassaux, sous l'étendard du Christ, au cri mille fois répété : *Dieu le veut ! Dieu le veut !* Jamais depuis que le monde existe, on n'a vu un pareil enthousiasme dans toutes les couches de la société, et cela pour une cause aussi noble que celle de la religion du Christ et celle de l'affranchissement des frères en Jésus-Christ ; c'était vraiment une guerre sainte, au profit de la liberté et de la civilisation.

Jusqu'alors l'Évangile ne s'est heurté contre l'Alcoran que d'une manière défensive. Charles Martel, Charlemagne, les princes francs n'ont fait que repousser des Gaules, du sud de l'Italie et du nord de l'Espagne, la formidable invasion des musulmans. Maintenant leurs successeurs vont prendre l'offensive et attaquer l'islamisme dans ses forteresses en Asie et sur les côtes de l'Afrique. Ces attaques colossales s'appellent les *croisades*. Ce sera, sous une autre forme, *le martyre*, non plus isolé, individuel, subi passivement dans l'intérieur des maisons ou dans les colisées, les amphithéâtres de Rome et des grandes cités de l'univers, mais collectif, armé de pied en cap, subi avec une agression héroïque dans les plaines de **Nicée**, d'Antioche, d'Ascalon, de Ptolémaïs, dans les défilés du Taurus, au pied des murs de Jérusalem, en Égypte, sur les côtes de l'Afrique, de l'Asie et dans

toutes les îles de la Méditerranée. Pendant plus de
trois siècles, des flots de sang chrétien couleront ; des
armées entières périront de faim, dè soif et des misères de la captivité, ou tomberont sous le glaive des
musulmans ; mais, en définitive, le cimeterre sera
brisé par l'épée des croisés, et la puissance ottomane,
réduite à l'état de cadavre, ne se soutiendra plus que
par la jalousie des princes chrétiens, en attendant
l'heure prochaine de son partage. L'empire turc ne
sera plus que le grand malade, dont le dernier rôle est
devenu un objet de calcul égoïste pour toutes les puissances de l'Europe. La charité catholique, surtout
celle des enfants de saint Vincent de Paul et celle de
l'Œuvre de la propagation de la foi, qui trouvent leur
foyer en France, achèveront les conquêtes de l'épée ;
elles ouvriront de plus en plus l'ancien continent,
l'Asie et l'Afrique aux institutions du christianisme.

Ainsi les croisades, malgré leurs échecs apparents,
ont toutes réussi. Leur résultat, non immédiat mais
final, ce fut en Orient la ruine morale et matérielle de
l'empire de Mahomet, et en Occident le développe-
ment des arts, des sciences, celui du commerce et de
l'industrie, la découverte de l'imprimerie et celle du
nouveau monde, l'élévation de la civilisation chrétienne à une hauteur inconnue à l'infidélité païenne et
musulmane. Jamais plus noble but n'a été mieux
atteint.

Dans ces luttes gigantesques, ce travail séculaire,

cette expansion du christianisme, quel peuple prit la part la plus active, la plus généreuse, épuisa ses trésors, versa son sang le plus pur et fut vraiment le soldat du Christ? N'est-ce pas la race franque? Urbain II, Pierre l'Ermite, Godefroi de Bouillon en Lorraine, Tancrède de sang normand, Baudoin I, Baudoin II, Louis VII, saint Bernard, Foulques, curé de Neuilly-sur-Marne, Geoffroy, sénéchal du comté de Champagne, Baudoin IV de la Flandre, fondateur du royaume franc de Constantinople, Guy de Lusignan fondateur du royaume de Chypre, Simon de Montfort qui se signala contre les Albigeois du Midi, Philippe-Auguste, saint Louis, le plus héroïque et le plus juste roi qui ait porté couronne, et tant d'autres noms que nous passons sous silence, n'élevèrent-ils pas la France en Orient, comme en Occident, au premier rang des nations, et ne rendirent-ils pas son nom synonyme de bravoure et de loyauté, en sorte qu'aujourd'hui encore, en Orient, pour caractériser un Européen *de bonnes mœurs et de courage,* on ne l'appelle pas autrement qu'un *Franc?*

Les Francs se signalèrent non-seulement dans les croisades; ils auront un dévouement plus héroïque. Ils organiseront une milice continuellement dévouée à la mort, et qui sera une croisade permanente. « Doux comme des agneaux, ils seront des lions contre les ennemis du Christ (1). » Ils iront jusqu'à se livrer eux-

---

(1) Saint Bernard.

mêmes pour le rachat des chrétiens. Les chevaliers ou les frères de Saint-Jean de Jérusalem, de Rhodes, de Malte, les Aubusson, les Philippe de Villiers, les Lavalette ; les enfants de Jean de Matha, de Félix de Valois, de Pierre Molasque dans l'ordre de la Trinité et celui de la Merci, porteront au plus haut degré l'héroïsme du dévouement chrétien. C'est à la France catholique, après Dieu et la papauté, que l'univers doit sa rédemption et la liberté. C'est elle qui la racheta de la servitude hérétique et mahométane, par son or, son sang, sa charité, à dater de Clovis jusqu'à Charles X, fondateur du royaume de Grèce et conquérant d'Alger. De telles œuvres attestent la noble mission de la fille aînée de l'Église, et donnent la preuve la plus irréfragable qu'elle a été vraiment le soldat du Christ, *Gesta Dei per Francos.*

Sans doute, dans le cours des siècles, bien des taches assombrissent ce consolant tableau. Des monarques français dévièrent de la noble conduite de leurs ancêtres, ils oublièrent le rôle historique et providentiel de leur nation. Philippe le Bel avec plusieurs de ses successeurs, Louis XIV, Napoléon I, Napoléon III, osèrent attaquer par ruse ou par violence le chef de l'Église. Et chaque fois la nation, complice des attentats sacrilèges de ses souverains, a subi des désastres inouïs. L'Angleterre, les coalitions de l'Europe, la Révolution et la Prusse seront les instruments de la vengeance d'en haut ; mais, après le châtiment et l'expiation, la miséricorde divine releva la France malheureuse et lui envoya des secours extraordinaires. Jeanne d'Arc, la Ligue, Louis XVIII, en arrêtèrent le démembrement, et la sauvèrent de l'hérésie, de l'anarchie, afin qu'elle pût continuer sa noble mission à travers les peuples. Aujourd'hui, dans les malheurs affreux qui nous accablent, et la terrible crise sociale et religieuse que nous traversons, quel sera notre sauveur? C'est le secret de la Providence; mais nous avons la douce confiance et la profonde conviction que le Cœur de Jésus et celui de Marie, auxquels le royaume de Clovis, de Charlemagne, de saint Louis est consacré, le relèveront de ses humiliations, et, malgré l'apostasie d'un grand nombre de ses enfants et l'anarchie gouvernementale, lui inspireront l'esprit chevaleresque des croisades, lui rendront son épée brisée par les fils de Luther et de Voltaire, le replaceront au premier rang dans le concert des peuples européens, et effaceront l'injustice criante qui pèse sur sa conscience par la cession de l'Alsace et de la Lorraine.

II

LA REVANCHE, PROMPTE ET ÉCLATANTE, EST POUR
LA FRANCE UNE QUESTION DE JUSTICE.

L'homme est éminemment sociable. En naissant, il appartient à une famille, à une patrie, à une religion. Dans les vues de la Providence, ces trois institutions doivent élever et protéger le roi de la création, afin qu'il puisse atteindre à ses hautes destinées. Une agglomération de familles forme la cité et la patrie. Les familles sont unies à cette dernière par le lien de l'intérêt commun. L'idée seule de patrie, que de souvenirs ne réveille-t-elle pas dans un cœur bien né! C'est le berceau de notre enfance, le théâtre de nos luttes, de nos souffrances ou privées ou collectives, le foyer de nos intérêts, le lieu de nos affections les plus vives, l'asile sacré de nos pères, mères, femmes, enfants, le repos espéré de notre vieillesse et de nos cendres, le tombeau de nos ancêtres. A ce titre multiple, la patrie est un mot magique qui fait vibrer toutes les fibres de l'âme. Le vrai patriotisme est enté sur la religion. Il en tire sa séve et sa fécondité. La confiance en Dieu et la fidélité à ses lois entretiennent le dévouement à nos semblables. Aussi chez tous les peuples civilisés, Grecs, Romains, Gaulois, a-t-on admiré l'explosion du sentiment patriotique presque à l'égal du sentiment religieux. Thiers, dans son fameux discours du 4 mars 1873, proclame, aux applaudissements de la Chambre : « Il y a deux patries : la première, c'est le sol. Il y a ensuite l'ordre moral et public, les grandes vérités sociales et politiques, qui sont la seconde patrie, non moins importante que l'autre. »

Mais toute patrie possède une force organisée pour garantir à toutes les familles et à tous les membres qui la composent, *la sécurité des personnes, la conservation de l'honneur et de la propriété, la liberté de la vraie religion.* En retour, les citoyens doivent à la patrie l'impôt du sang, celui de l'argent, et l'obéissance ou le dévouement à toutes les lois justes. Tous les membres de la patrie formeront un corps moral, et se regarderont comme frères et sœurs. *L'esprit de solidarité, de justice et d'amour* est l'âme de toute vraie patrie, qui n'est que l'extension de la famille. Dieu, auteur et protecteur de toutes les institutions sociales, a gravé dans le cœur de l'homme l'amour de la patrie, et proclamé hautement que *la justice élève les nations*

et que le péché en cause la ruine (1). » Le conseil muni-
pal de Nancy, dans la délibération du 15 février 1873,
envoyée au gouvernement de Versailles, à l'occasion
de la répartition des indemnités de la guerre, fait parfaitement ressortir l'esprit de solidarité et de justice
qui lie tous les enfants d'un même pays, par les considérations suivantes : « Attendu que la déclaration de
la guerre est un fait qui émane directement du gouvernement, avec l'assentiment des pouvoirs publics ;

« Qu'elle s'impose donc, quant à ses conséquences, à
tous les membres d'une nation ; que, dès lors, il est de
toute justice que la nation tout entière supporte les
charges qui en résultent. Attendu que dans ces circonstances il est évident que le premier devoir du pays
est d'indemniser intégralement ceux qui ont souffert ;

« Qu'on ne peut admettre que pour cela seul, qu'une
partie de la France se trouve frontière d'une nation
belligérante, et sera par sa situation exposée à l'*invasion,* elle devra supporter seule ou en partie les dom-
mages qui peuvent en résulter ;

« Que par de pareils principes, qu'aucune raison
tant soit peu plausible ne peut justifier, ce serait porter la plus grave *atteinte à l'unité française,* en
créant ainsi des zones vouées à l'avance à la dévasta-
tion (nous dirons à l'annexion), comme conséquence

(1) Justitia elevat gentem ; miseras autem facit populos pec-
catum. *Prov.,* XIV, 34.

d'une volonté, qui doit être réputée avoir été la volonté du pays ; .

« Qu'il ne faut pas oublier, qu'outre les pertes matérielles qu'elles ont subies, les contrées envahies et occupées ont encore à supporter les angoisses morales de cette occupation, angoisses qu'il faut avoir supportées pour les comprendre ;

« Que refuser de rétablir entre tous l'équilibre, en désintéressant intégralement les pays envahis, c'est maintenir entre les diverses parties d'une nation une situation d'infériorité et d'inégalité, d'autant plus fâcheuse qu'elle ne tendrait à rien moins qu'à jeter la désunion. »

Une nation est donc liée par le principe de solidarité, et doit, avant tout, *la justice* à tous ses membres. Cette justice consiste surtout à tenir à leur égard les promesses solennelles qu'elle leur a faites.

Or, de nos jours, la France a solennellement déclaré à la face de tous ses enfants, à celle de l'Europe et du monde entier qu'elle forme une république, *une, indivisible* et *impérissable*, qu'elle ne permettra jamais la séparation d'une province. Conformément à cette maxime, qui a toujours été un principe constitutif de la monarchie française, et qui constate officiellement la solidarité de tous les membres de la même patrie, après la nouvelle désastreuse de la bataille de Reichshoffen, le Corps législatif, à Paris, s'est levé spontanément tout entier, dans une de ses séances du mois d'août 1870, pour affirmer *l'intégrité du territoire et la conservation de Strasbourg, le boulevard nécessaire à notre indépendance.* Cette solennelle protestation s'est souvent renouvelée durant le cours de la guerre. Tout le monde connaît la fameuse devise du gouvernement de la défense nationale: *Ni un pouce du territoire, ni une pierre de nos forteresses.* On connaît encore la statue coulée en bronze de Strasbourg et couverte de fleurs. Elle est maintenant voilée. Si malheureusement les événements ont donné un démenti à ces manifestations éclatantes du patriotisme, ce ne fut là qu'une surprise imputable au gouvernement inepte de l'empire, et à des généraux qui mettaient leur intérêt ou celui d'une dynastie avant le salut commun. Sous les coups de désastres inouïs dans l'histoire et de la cruelle nécessité, la France a subi et non sanctionné, qu'on le remarque bien, *l'amputation de ses deux provinces* les plus patriotiques, et aujourd'hui plus que jamais nécessaires à l'indépendance de la nation; car le traité de paix de Versailles, de Bordeaux, de Francfort, si honteux, si humiliant, peut-il être autre chose qu'une trêve à courte échéance ? N'est-il pas contraire à toute justice, à tout droit historique, national de la France, à toutes les traditions de notre monarchie? Le roi Jean, pris par les Anglais à la bataille de Poitiers, ayant fait avec les vainqueurs un traité trop honteux, ne fut-il pas désavoué par le dauphin, son fils, et par la nation? Sans doute le traité de Brétigny, en 1360, après de nouveaux désastres, fut conclu sous Charles IX; mais le connétable Duguesclin ne tarda pas à en effacer les clauses désastreuses. Le traité honteux de Troyes en 1400, qui faisait passer la couronne de France à un Anglais, ne fut-il pas également repoussé par la nation et vengé par la merveilleuse mission de Jeanne d'Arc? Le traité de Madrid en 1526, où François I, prisonnier de Charles-Quint, *cédait la Bourgogne*, ne fut-il pas encore annulé par la nation, parce que les députés de la Bourgogne déclarèrent, dans l'assemblée de Cognac, que le roi n'avait *pas le droit d'aliéner une province du royaume*, dont il avait juré à son sacre de maintenir l'intégrité? C'est pourquoi un des principes de la monarchie française fut *qu'aucun souverain ne pouvait céder une province, sans consulter spécialement la nation*. En cédant à Versailles, à Bordeaux, à Francfort, l'Alsace et la Lorraine, la nation a-t-elle été spécialement consultée sur cette cession, contraire au droit historique et monarchique de la France? On répond : La nécessité impérieuse, qui ne connaît pas de loi, nous a forcés à la paix la plus désastreuse et la plus honteuse de notre histoire nationale. La prolongation de la guerre amenait la ruine entière de la France. Bien des esprits doutent qu'on ait fait les efforts suprêmes pour éviter cet immense déchirement. Mais admettons que nous fussions, comme Samson, pris, rasés, et enchaînés, entre les mains de cruels et perfides Philistins. Aujourd'hui nos cheveux n'ont-ils pas un peu repoussé? Ne célèbre-t-on pas, dans les discours académiques, le *grand citoyen*, qui, avec l'appui d'une patriotique assemblée, a *refait l'armée française*(1)? De plus n'est-il pas admis, en droit international, surtout dans nos temps si troublés, que *les traités d'une guerre injuste ne sont pas obligatoires en conscience?* Or une guerre est évidemment injuste, non *pour la puissance qui la déclare, mais pour celle qui la rend nécessaire*, par son ambition et ses empiétements sur ses voisins. N'est-ce pas le cas de la Prusse en 1870? Ici ne peut-on pas appliquer à la lettre ces mémorables paroles de Fénelon, adressées à Louis XIV : « Les traités de paix signés par les vaincus ne sont pas signés librement. On signe le couteau sur la gorge. On signe malgré soi pour éviter de grandes pertes. On signe comme quand on donne sa bourse, quand il faut la donner ou mourir (2)? » Quoi qu'il en soit, tout le monde avouera que l'Alsace et la Lorraine sont les innocentes victimes d'une politique aveugle, et la lourde rançon des folies de la France entière, complice par ses stupides plébiscites de cette politique. Ces deux provinces ne furent-elles pas comme le *bouc d'Israël* sur lequel toutes les autres parties du royaume déclarèrent leurs iniquités, et se rachetèrent

---

(1) Réponse de Cuvillier-Fleury au discours de M. le duc d'Aumale (3 avril 1873).
(2) Lettre à Louis XIV.

en lâchant l'innocente bête dans le désert? A ce titre
seul, la France ne leur doit-elle pas, dans le délai le
plus rapproché la rédemption, la délivrance, par tout
moyen possible? Car, au mépris de tout droit, de
toute justice, ces deux provinces n'ont-elles pas été
violemment retranchées de la mère patrie et incorpo-
rées dans un empire étranger, contre tous les intérêts
politiques, religieux, économiques, non-seulement de
la France, mais du monde entier? Ne sont-elles pas
moralement, matériellement et religieusement ruinées
et réduites en esclavage? Si la France ne fait des efforts
suprêmes pour les arracher à cet état lamentable, l'esprit de solidarité n'existe plus, et la patrie n'est *qu'un
vain mot, qu'une duperie, qu'une folie ;* la sécession et
la révolte de toute province sont permises. Nous crie-
rons à tous les vents du ciel : *Finis Galliæ. Que la
France périsse !* Elle n'a plus assez de force ni d'énergie pour délivrer ses propres enfants, qu'elle a livrés
pour se racheter elle-même. Elle est impuissante à déga-
ger son gage, à remplir ses promesses solennelles et sa
mission. L'égoïsme, le matérialisme la dominent.
Qu'elle périsse donc! En effet, depuis deux siècles,
depuis la formation de l'Europe moderne, *l'Alsace et la
Lorraine,* confiantes dans le génie de la France, ont
partagé sa bonne et sa mauvaise fortune. Sur tous les
champs de bataille, sur terre et sur mer, en Allemagne,
en Italie, en Égypte, en Espagne, en Russie, en Afrique, en Amérique, en Chine, sur toutes les plages de

l'ancien et du nouveau continent, leurs enfants, nés militaires plus que ceux des autres provinces, ont versé leur sang et soutenu l'honneur national. Ils ont fourni leur contingent en grands capitaines. Les Kellermann, les Kléber, les Rapp, et tant d'autres, ne furent-ils pas la gloire de l'armée française? En tout temps ces deux malheureuses provinces ont supporté toutes les horreurs des invasions allemandes. Sans parler de celles de 1814 et 1815, jeux d'enfants en comparaison de celle de 1870, où toute la Germanie a vomi sur cet infortuné pays un fleuve de bataillons armés, qui pourra jamais dire les angoisses physiques, morales et les pertes matérielles subies pendant cette maudite guerre? Les champs, les prairies, les vignes dévastés et piétinés, sous les pas des hommes et des chevaux, constamment renouvelés; les fourrages, les pailles, les bêtes, les grains, les vins, les provisions de toute nature violemment enlevés ou réquisitionnés; les demeures sans cesse inondées et salies par une soldatesque pillarde, insolente, qu'il fallait loger, nourrir et chauffer; les églises souillées par un culte hypocrite; les villages incendiés, les villes fortes bombardées; Bitche, Phalsbourg, Strasbourg, Brisach, Schlestadt, Béfort, en partie brûlés, leurs habitants réduits à la dernière misère, et tous les jours la vue de la patrie en larmes, en flammes et en ruines. Ah! à ce triste spectacle, quel enfant de la Lorraine et de l'Alsace n'a pas senti *les douleurs de l'enfer?* Et pour prix de tant de sacrifices et d'héroïsme, ces compatriotes sont maintenant cédés, malgré eux, à de barbares vainqueurs, à la fin du dix-neuvième siècle, comme un vil troupeau, à l'instar de ces anciens esclaves du paganisme qu'on vendait avec le territoire ou la ferme !

Et voyez, ô vous qui avez encore un cœur, quelle horrible situation est faite à ces malheureuses provinces annexées ! Dans le but de conserver leur nationalité et l'avenir de leurs enfants, que de familles ont abandonné le sol natal, leurs maisons, leurs biens, une position facile et aisée, et courent maintenant les chances de l'inconnu ! Quant à celles qui ne peuvent s'expatrier, les jeunes gens en masse, voulant fuir le militarisme prussien et ne pas se trouver dans la cruelle nécessité de tirer plus tard l'épée contre leurs propres compatriotes, ont quitté le foyer domestique et pris les divers chemins de l'exil, qui en Amérique, qui en Algérie, qui à l'armée, qui dans toutes les villes de la France. Dans les gémissements de leur cœur ils laissent entendre ces accents de notre immortel poëte :

> O rives de l'Alsace, ô champs aimés des cieux,
>   Sacrés monts, fertiles vallées,
>   Par cent miracles signalées!

Les pères et mères désolés pleurent l'absence de ceux qui devraient être les coopérateurs de leurs travaux, les soutiens de leur vie, les consolateurs de leur mort.

3.

Les parents vivent séparés de leurs enfants; les frères,
de leurs frères; et les sœurs, de leurs sœurs. Ceux qui
ont été forcément incorporés dans l'armée allemande
meurent ou de nostalgie ou par suite de mauvaise
nourriture. Dans toutes les familles il n'y a que deuil et
désolation; toutes sont coupées et divisées; tous les
cœurs saignent de douleur. Toutes les localités des
frontières françaises regorgent d'habitants alsaciens et
lorrains fuyant la nouvelle captivité de Babylone, *ante
faciem tribulantis.* A la désolation et division des familles se joignent l'avilissement des propriétés, l'anéantissement du commerce et de l'industrie. Les immeu-
bles, surtout les maisons dans les villes, ne trouvent
ni acheteurs ni locataires; ils sont vides et fermés.
Sauf les vignes, toutes les autres propriétés ont perdu
plus de la moitié de leur valeur. Les bras manquent
pour les exploiter. Le mouvement des affaires est nul.
Et quelle contrée, nous ne dirons pas de la France,
mais du globe entier, avait une fabrication plus puissante, plus prospère que l'Alsace et la Lorraine? Et
maintenant en grande partie elle se trouve anéantie. Les
métiers chôment, les ateliers sont fermés, les ouvriers
dispersés; les usines tombent en ruine. Le silence de
la mort a succédé au bruit éclatant de la vie. Toutes
les voies de communication sont désertes ou pleurent
en quelque sorte de leur chômage forcé. *Viæ lugent.*
Ajoutez à toutes les pertes matérielles, les ruines et
les angoisses morales et **religieuses**, par suite de l'état

de siége et des lois de persécution publiées contre les catholiques, grâce au parti libéral, franc-maçon, hypocrite, impie de l'Allemagne.

La presse catholique ne peut avoir d'organe en Alsace et Lorraine. On lui refuse l'eau et le feu, tandis que le pays est inondé de journaux protestants et de brochures impies, qui attaquent, calomnient journellement le pape, les évêques, les cérémonies de notre culte et tout ce qui nous est cher.

Les établissements d'instruction secondaire, hier si florissants et si nombreux, tombent ou sont violemment dissous. On les remplace par des gymnases allemands, qui n'inspirent aucune confiance.

Les écoles primaires deviennent non confessionnelles et sont *mixtes*, confiées à des maîtres sans mœurs et sans ombre de science pédagogique. Le prêtre en est éloigné. Ni les sexes ni les cultes ne sont séparés dans les petites localités. On y a supprimé tous les éléments de la langue française et même l'enseignement régulier du catéchisme. L'espionnage et la délation surveillent les ministres de Dieu à l'église et dans toutes les fonctions de leur ministère pastoral. Témoin les procès journaliers et les expulsions des prêtres.

Les frères des écoles chrétiennes, les jésuites, les liguoriens, les sœurs du Sacré-Cœur, les sœurs de la doctrine chrétienne de Nancy sont chassés.

Les missions, l'enseignement religieux, sous toutes les formes accentuées, sont interdits. Toutes les con-

grégations enseignantes, hospitalières, et toutes leurs
maisons si prospères sont menacées dans leur existence, officiellement et officieusement insultées dans
leur honneur, parce qu'elles représentent, dit-on, l'esprit français et catholique. Sans parler des processions
de mascarades au carnaval dernier à Hambourg, à
Leipzig et dans d'autres villes allemandes, où le protestantisme uni à la franc-maçonnerie a publiquement
honni pape, évêques, religieux, religieuses, il nous
suffit de citer la procession de Metz, qui a surpassé
toutes les autres en insultes et en grossièretés, adressées à notre religion et à notre patriotisme. Voici en
abrégé la relation : « Une cavalcade avait été organisée
principalement par les officiers prussiens, et que fut-
elle ? Sous le péristyle du théâtre, un Prussien travesti
en pape, avec crosse, donna sa bénédiction au cortége,
qui allait s'ébranler, et qui représentait *la France, son
gouvernement, son armée et son culte.*

« La première voiture, surmontée d'un écriteau sur
lequel étaient écrits en allemand ces mots : *Le prési-
dent fou,* portait un petit homme, qui s'agitait beau-
coup, et qui cherchait à calmer un autre personnage.
Un âne suivait. On tenait devant lui une carte géogra-
phique ; puis une voiture avec six ou sept singes.

« Une autre voiture portait un maréchal de France,
dont le faux nez était surmonté d'un moulin à vent. Le
maréchal, décoré du grand-cordon de là Légion d'honneur, vidait force bouteilles et avait à ses pieds des

sacs. Une autre voiture était remplie d'un grand nombre de sacs étiquetés : *Milliards*. L'Alsace et la Lorraine apparaissaient sous les traits de deux femmes, portant chacune un petit garçon coiffé d'un casque à pointe. Pour que rien ne manquât à la douleur de la ville de Metz, les Prussiens chantaient par dérision ce cantique à la Vierge :

Au secours! Vierge Marie, au secours !
Viens sauver nos jours. »

C'est ainsi que nos vainqueurs respectent le deuil de la cité si héroïque de Metz. De telles bouffonneries, qui attaquent directement le gouvernement, la religion, le patriotisme de la France, ne crient-elles pas vengeance dans le cœur de tout catholique et de tout Français?

Pour surcroît de malheur, un cercle de fer renferme comme dans un étui ceux qui ne peuvent quitter le sol natal de l'Alsace-Lorraine, et coupe toutes leurs communications avec la France. Les correspondances sont laissées à l'arbitraire, à la mauvaise foi, à la rapacité des agents de la poste et de la douane. Les lettres ou les journaux envoyés de l'ancienne patrie arrivent irrégulièrement, sont souvent ouverts, maculés, s'ils ne sont pas supprimés; ils portent parfois une taxe supplémentaire, dont le minimum est de quarante centimes. On a réclamé plus d'une fois pour une lettre, même pour un numéro d'un journal dont l'af-

franchissement était, disait-on, insuffisant, jusqu'à
1 franc 25. Bismarck avait promis que l'Alsace-Lorraine
serait traitée en enfant gâtée, par le dégrèvement des
impôts et des franchises municipales. Jamais ce pauvre
pays n'a été aussi écrasé ni aussi capricieusement mené.

En résumé, voici le bilan de la situation matérielle,
morale, religieuse du pays : force brutale, mépris de
tout droit, de toute justice et de tous les intérêts catholiques. L'arbitraire le plus révoltant, voilà la loi qui
régit les biens, les familles, la presse, les écoles, ainsi
que les relations internationales de ces malheureuses
contrées. Devant les agissements d'un pareil gouvernement, les populations se montrent silencieuses, et font
des efforts extraordinaires pour refouler dans le cœur
leur juste indignation, qui grandit de jour en jour.
Encore une fois, qui a amené sur ces contrées toujours si patriotiques, si françaises, et hier si prospères, cet état lamentable, sans précédent dans l'histoire
des peuples chrétiens? Sans doute, le napoléonisme
hypocrite et inepte; mais la France, qui l'a acclamé et
laissé faire, ne porte-t-elle pas aussi une part terrible
de responsabilité? Et aujourd'hui, à cette heure, la
France songe-t-elle sérieusement à remplir son devoir,
à effacer la honte, l'injustice d'avoir livré les Alsaciens
et les Lorrains, comme des esclaves, pieds et mains
dans les chaînes? Cherche-t-elle par tout moyen à hâter leur délivrance?

Au lieu de s'organiser vigoureusement, ne s'épuise-t-elle pas en discussions stériles et dissolvantes? N'est-ce pas l'oubli de toute convenance, comme de toute justice, la marque d'un égoïsme éhonté, l'insulte la plus sanglante à la douleur la plus légitime, à l'esclavage de deux provinces, que ces cris insensés de triomphe officiel et officieux, parce qu'un barbare vainqueur quitte, conformément à l'esprit du traité de Francfort, les derniers départements qu'il foule encore aux pieds, après avoir reçu jusqu'au dernier centime de sa lourde rançon? L'Alsace et la Lorraine seront-elles libres le 5 septembre prochain? Leurs chaînes ne s'appesantissent-elles pas tous les jours? La mère patrie est-elle rentrée dans son honneur, dans sa mission providentielle et historique? A-t-elle réparé les injustices criantes vis-à-vis de ses enfants captifs? Maudit soit tout Français qui, le 5 septembre, manifestera une joie bruyante, sans songer à la mutilation de la patrie, aux fers et aux larmes de ses compatriotes et frères les Alsaciens-Lorrains! Malgré le dire officiel, non, mille fois non, la France n'est pas rendue à elle-même, tant qu'un Prussien campe en Alsace-Lorraine. Les enfants de cette infortunée province peuvent dire avec les Juifs menacés dans leur existence par l'orgueilleux Aman :

« C'est peu d'être asservis, on veut nous égorger.
« Nos superbes vainqueurs, insultant à nos larmes,
« Imputent à leurs dieux le bonheur de leurs armes,
« Et veulent aujourd'hui qu'un même coup mortel
« Abolisse ton nom, ton peuple et ton autel. »

Esther, acte I, scène IV.

Mais, supposé que la France pût oublier à l'égard de ce malheureux pays *l'histoire, l'honneur, la justice,* tout sentiment *de solidarité,* sans lequel il n'existe plus de patrie, la nécessité de défendre sa propre existence menacée le lui permettrait-elle?

———

III

LA REVANCHE, AUSSI PROMPTE QUE POSSIBLE, S'IMPOSE A LA FRANCE COMME UNE QUESTION DE VIE ET D'EXISTENCE.

Une nation ne jouit de la paix, de ce premier besoin de l'homme et de toute société, qu'autant qu'elle est rassurée contre tout danger intérieur et extérieur. A cet effet, il lui faut :

L'apaisement des esprits,

La tranquillité du lendemain,

La sécurité des frontières et le désarmement d'un voisin toujours menaçant.

Or, ces choses existent-elles dans la triste situation qui nous est faite?

Avons-nous l'apaisement des esprits?

Tant que l'Alsace et la Lorraine seront au pouvoir des Prussiens, ni la France, ni l'Europe, ni le monde entier ne seront tranquilles. Qu'on ne se fasse pas d'illusions là-dessus. Les Alsaciens et les Lorrains, dispersés aux quatre vents du ciel, surtout dans toutes les villes de la mère patrie, et mêlés soit à l'armée, soit aux ateliers, soit aux classes ouvrières, industrielles, entretiendront une agitation permanente contre l'ordre de choses existant. Ils formeront plus qu'une Vénétie, une Irlande, une Pologne; ils seront comme les vents renfermés dans les antres d'Éole; aucun dieu terrestre ne pourra empêcher leur déchaînement. Ils demanderont, et cela avec raison, à la France, leur mère et leur vraie patrie : *la pitié, la justice, l'honneur, l'accomplissement des promesses, bref la délivrance.* Leurs cris incessants seront pour les uns *un remords,* pour d'autres *un prétexte,* pour tous *un stimulant* et le *réveil du devoir.* Aucun cœur vraiment français et patriotique ne pourra y rester insensible. Car aujourd'hui, les annexions violentes, avec toutes les complications qu'elles entraînent, compromettent les intérêts religieux, politiques, économiques de toute une contrée, et en amènent la ruine complète, surtout étant donnés des peuples si divers, sinon de langues, du moins d'usages, de mœurs, de religion et d'éducation. La majorité des Lorrains annexés ne comprennent pas même un mot d'allemand.

Si le parti de l'ordre ne se hâte pas de délivrer les Alsaciens-Lorrains, ils se jetteront tête baissée dans la Révolution; ils seront *gambettistes,* parce que ce dictateur représente la *guerre à outrance,* et l'espoir de la *délivrance.* C'est là un danger de plus pour la France et pour l'Europe.

De plus, pouvons-nous compter *sur la tranquillité du lendemain, la sûreté des frontières et le désarmement d'un voisin perfide et toujours menaçant?*

Du côté de l'Est, nous n'avons plus de frontières; le pays est ouvert jusqu'à Paris, et il existe là sur nos flancs un empire militaire de 40 millions d'âmes, dont tous les hommes valides jusqu'à soixante ans peuvent être soldats; empire qui n'est qu'une caserne, qu'un camp permanent. Cet empire, comment s'est-il formé et comment se maintient-il? Par la ruse, le mensonge, la corruption, le vol, la violence, la persécution religieuse. Il a pour maxime fondamentale : *La force prime le droit.* Voyons sommairement comment il s'est rapidement élevé, et, en dépit de ses hypocrites protestations, nous aurons une idée juste de sa moralité, des menaces et des dangers qu'il renferme pour la paix générale de l'Europe et du monde.

En 1414, Frédéric de Hohenzollern, margrave de Nuremberg, acheta de l'empereur Sigismond le margraviat de Brandebourg, auquel était attachée une des sept voix électorales.

A l'époque de la Réforme, la Prusse formait un duché appartenant à l'ordre des religieux militaires de Sainte-Marie, plus connu sous le nom de chevaliers teutoniques, et soumis à la suprématie du pontife romain.

Albert de Brandebourg était supérieur général de l'ordre. Gagné au protestantisme et infidèle à ses trois vœux, ainsi qu'à son serment, il confisqua à son profit le duché de Prusse, commis à son honneur et à sa religion. Il se maria publiquement, sur les conseils de Luther, avec Dorothée, fille du roi de Danemark. Il accepta la confession d'Augsbourg. C'est lui qui le premier fit prévaloir le principe païen de la religion territoriale; principe encore aujourd'hui en vigueur : *Cujus regio, illius religio;* principe qui, en d'autres termes, est la traduction de cet adage césarien de l'antique Rome : « La volonté du prince forme la loi et la religion de ses sujets, *quod principi placet, legis habet vigorem.* » Le moine, apostat devenu duc, força les habitants de son duché à abandonner l'Église catholique, qui les avait arrachés à la barbarie; il mit partout le trouble et la divison. Frédéric-Guillaume, nommé le Grand Électeur, éleva la maison de Hohenzollern, dès le milieu du dix-septième siècle, au-dessus des maisons princières de l'Empire, à l'aide d'une armée considérable et de l'habitude de trahir ses alliés, la Suède et la Pologne. Lors du traité de Westphalie en 1648, il demanda et obtint à son profit la sécularisation d'un grand nombre d'évêchés, ceux de Magdebourg, de Halberstadt, de Camin, de Minden. A l'imitation de tous les princes de la Réforme, il exerça un pouvoir absolu et militaire. Il fut le fondateur de la grandeur prussienne. Son fils Frédéric III, excité par l'exemple de Guillaume d'Orange son parent, qui s'était fait roi d'Angleterre, et par celui de son voisin l'électeur de Saxe, qui était appelé au trône de Pologne, acheta de l'Empereur, pour six millions, le titre de roi de Prusse, et se couronna de ses propres mains à Kœnigsberg, avec un luxe inouï, sous le nom de Frédéric I (1701).

Au traité d'Utrecht (1713), le roi de Prusse fut reconnu par toute l'Europe, excepté par le pape et les chevaliers teutoniques. Frédéric-Guillaume I, nommé aussi *le roi sergent*, fit de Berlin sa capitale, une manufacture et une caserne. Il menait l'État comme un régiment. Ses héros étaient Pierre le Grand et Charles XII. Il forma de ses sujets des soldats soumis, des calvinistes ou des protestants armés sur le continent. Frédéric II, nommé le Grand, éleva la Prusse parmi les grands États européens. Il envahit en pleine paix la Silésie, qu'il vola à Marie-Thérèse, trop occupée pour pouvoir résister, et il gagna sur l'impéritie de nos généraux la bataille de Rosbach (1757), dont Voltaire, traître à la France, osa lui faire compliment. Les traités de Vienne en 1815 augmentèrent encore cette puissance conquérante, et la victoire de Sadowa la rendit maîtresse de l'Allemagne en 1866, grâce au concours de l'Italie et à la politique antinationale de Napoléon III. Elle put à son aise dépouiller et détrôner les princes ses anciens confédérés. Pendant cette guerre fratricide d'Allemands contre Allemands, Bismark, qui avait

tramé contre l'Autriche et les princes du sud de l'Allemagne, à Biarritz, à l'école de celui dont toute la vie
ne fut qu'une conspiration, ose écrire à son ami Golz :
« Le roi aimerait mieux abdiquer que de revenir sans
avoir agrandi ses États par des conquêtes considé-
rables.» Ainsi, selon le fameux chancelier, qui ne connaît que le *dieu Succès,* l'esprit d'annexion forme l'âme
des bons souverains de la Prusse. Sans l'annexion, le
trône n'a pour eux nul charme. Voilà pourquoi Guillaume, après le Holstein, s'est annexé le Hanovre, la
Hesse électorale, Nassau, etc.

Dans la Prusse s'incarne l'esprit protestant et hégé-
lien de l'Allemagne, qui la croit appelée à réaliser le
rêve de Hutten, ami de Luther, à créer l'unité de la
grande patrie germanique, au profit du protestantisme.
« A cette fin, dit Mgr Kettler, la Prusse doit être une
monarchie absolue, militaire, bureaucratique, protes-
tante. C'est là une idée fixe des écoles et des loges
maçonniques. A leur sens, cette vocation fait sa force,
son droit, la raison de son existence. Si elle y manque,
elle cesse d'être nécessaire; elle est obligée de s'annexer toutes les parties de l'Allemagne, comme les
astres sont nécessités de parcourir l'orbite qui leur est
tracée. Cette idée de l'absorption de l'Allemagne par
la Prusse est nécessairement agressive et dangereuse
pour la paix de l'Europe (1). »

(1) L'Allemagne après la guerre de 1866. On sait qu'en 1868,

Les paroles si prophétiques et si vraies de l'évêque
de Mayence doivent se graver en caractères ineffa-
çables dans l'intelligence de tous les hommes sérieux
du Continent.

Le baron Stoffel, envoyé militaire de la France à
Berlin, répète presque identiquement la même pensée
dans un rapport très-remarquable. Malheureusement,
ses sages conseils ne furent pas suivis par un gouvernement aveugle, chargé de conduire d'autres aveugles.

Voici ce que dit ce clairvoyant officier : « La Prusse
se regarde comme appelée à remplir une mission, celle
de faire l'unité germanique, et elle a la ferme volonté
de s'y consacrer (1). » Bismark, lui-même, déclara ité-
rativement au parlement : « Que le nouvel empire est
évangélique, c'est-à-dire protestant. » Et tous les députés et journaux vendus à sa cause crient sur tous
les toits : « Nous, les libéraux, avec les protestants;
non vous, les noirs, les ultramontains, avons créé le
nouvel empire. »

Voilà pourquoi le parti libéral, maître des affaires,
attaque avec tant de violence, sous prétexte d'esprit
français et de particularisme, les institutions et la hiérarchie de l'Église catholique.

Avec cette nécessité et cette prétendue vocation de

on a érigé à Worms une statue à Luther. Tous les princes protestants de l'Allemagne, sous la présidence et la protection du
roi de Prusse, ont assisté à cette inauguration.

(1) Rapport, 12 août 1869.

la part de la Prusse d'annexer et de protestantiser l'Allemagne, mieux d'y arracher le christianisme positif et de soumettre la conscience à l'omnipotence de l'État, tout moyen paraît moral aux yeux de cette puissance, nécessairement absolue et conquérante. La fin justifie les moyens. Aussi a-t-elle pour devise : « J'adhère à qui plus me donne ; s'il y a à gagner à être honnête homme, nous le serons ; s'il faut duper, soyons fourbes ; si nous pouvons prendre, prenons (1). » L'utile, c'est la mesure de la justice, comme la force, celle du droit. Luther rendait Dieu responsable de tous les crimes, puisque, selon sa doctrine, *il opère en nous le mal comme le bien.* Ainsi la maison de Brandebourg se distingue par sa grande dévotion envers le Dieu luthérien. Elle l'invoque sans cesse, pour qu'il couvre de sa bénédiction tous ses larcins et ses attentats contre l'indépendance et la propriété des princes et des peuples.

Grâce à la protection de ce dieu infernal et à la permission du Dieu véritable, qui laisse à l'iniquité un triomphe momentané, quand il veut punir les crimes des hommes, après les désastres inouïs de la part de la France, Paris environné d'un cercle de fer, le 18 janvier 1871, à Versailles, à l'heure de midi, dans la salle de Louis XIV, consacrée à toutes les gloires de la France, et servant dans cette circonstance à toutes les hontes

(1) Frédéric II à son ministre.

de la patrie, Guillaume, roi de Prusse, ayant à sa droite Bismark, à sa gauche Moltke, les deux principaux ouvriers de tant d'iniquités, après un office protestant, fit solennellement entendre cette formule conforme aux traditions de sa famille : « A dater d'aujourd'hui, de concert avec tous les princes allemands, *je prends pour moi et pour ma maison*, avec le titre de roi de Prusse héréditaire par la grâce de Dieu, celui d'empereur héréditaire allemand (1). »

Cette prise de possession de la dignité impériale fut accompagnée de la proclamation suivante :

« Nous et nos successeurs à la couronne allemande, nous prendrons le titre d'empereur dans toute relation et affaire de l'empire. Nous espérons qu'il nous sera donné de mener la patrie, sous le symbole de son ancienne splendeur, à un avenir prospère, *dans une paix durable*, et de l'environner de frontières qui garantiront à la patrie la sécurité contre de nouvelles attaques de la France. »

En résumé, l'empire de Guillaume, tel que l'histoire vraie nous le représente, s'est formé par l'achat de titres, depuis celui de margrave, jusqu'à celui de *duc*, de *roi*, d'*empereur*, et à l'aide du vol, de la corruption, de la violence et de l'apostasie. Ce n'est qu'un

(1) Mit dem heutigen Tag, nehme ich für Mich und mein Hauss.

4

despotisme militaire, protestant, bureaucratique, qui s'appuie sur la puissance des baïonnettes, sans respect ni du droit, ni de la justice, ni de la nationalité, ni de la vraie religion, et qui menace nécessairement l'indépendance des peuples ses voisins, principalement celle de la France.

En effet, dans la triste guerre qui amena sur la patrie tant de ruines, n'y eut-il pas une double politique de la part de la Prusse? Jusqu'à Sedan, les circulaires de Bismark (1), les proclamations du roi Guillaume et le discours du trône même affirmaient que la Prusse ne faisait pas la guerre *au peuple français,* mais *à son gouvernement.* Après Sedan, le vainqueur ne jeta-t-il pas son masque? Il voulut dès lors l'anéantissement de la France *dans son honneur, dans son influence, dans son intégrité, dans son crédit,* et il poursuivit ce but avec une méthode savante, sans entrailles ni pitié. Ce n'était plus une guerre politique ni dynastique, mais de race, d'influence, de conquête, *pro dominatione.* On ne saurait assez répéter ce réquisitoire officiel, qui n'a jamais pu être démenti : « Écraser les populations par des réquisitions démesurées en nature et en argent, s'attaquer à la propriété privée, forcer les familles à livrer leur argenterie et leurs bijoux, bombarder et incendier les villes ouvertes, prendre en otage les citoyens les plus illustres, profaner des sanc-

(1) 8 juillet 1870.

tuaires, souiller des églises, exposer sur les machines
du chemin de fer les magistrats les plus honorables à
toutes les rigueurs de la mauvaise saison et aux insultes des soldats, frapper des prêtres, incendier des
maisons, tuer des vieillards, des femmes et des enfants, attaquer pour ainsi dire les défenseurs de leur
patrie dans l'existence de leurs familles, les atteindre
dans les sentiments les plus profonds de l'humanité,
pour qu'ils viennent ensuite s'abaisser devant les vainqueurs et solliciter les humiliations de l'occupation
ennemie, c'est un raffinement de violence calculée
qui touche à la torture ; violer outrageusement tous
les articles du droit des gens, tels sont les faits incon-
testables de cette horrible guerre. La responsabilité en
pèse tout entière *sur le gouvernement prussien.* Rien
ne les a provoqués, et aucun d'eux ne porte la marque
de ces violences désordonnées auxquelles cèdent parfois les armées en campagne. Il faut qu'on le sache
bien, ils sont le résultat d'un système réfléchi, dont les
états-majors ont poursuivi l'application avec une ri-
gueur scientifique. Ces arrestations arbitraires ont été
décrétées au quartier général ; ces réquisitions, étu-
diées d'avance ; ces incendies, allumés froidement avec
des ingrédients chimiques soigneusement apportés; ces
bombardements contre les habitants inoffensifs, ordon-
nés. Tout a donc été voulu et prémédité. C'est le caractère propre aux hommes qui font de cette guerre la
honte de notre siècle. La Prusse n'a profité de la civi-

lisation moderne que pour perfectionner l'art de la destruction (1). »

Finalement, tous ces excès de la force brutale ont abouti au traité de paix si honteux et si humiliant, qui nous força à donner à la Prusse, en dehors de toutes les réquisitions antérieures, une indemnité de cinq milliards ; à lui céder l'Alsace et la Lorraine, avec ses riches forêts, qui valent plus de 300 millions ; à entretenir cinquante mille hommes, qui occupent encore les places fortes et les points stratégiques, jusqu'au payement du dernier écu.

Animé de cet esprit de destruction contre la France, le professeur Wagner, l'avaleur des jésuites et le triste tripoteur dans les chemins de fer de son pays, la plume et l'*alter ego* de Bismark, proclame dans sa brochure, le vrai programme de la politique prussienne : « que contre le peuple français *orgueilleux, ignorant, indigne de pitié*, dans le malheur comme dans le bonheur, toujours amateur de choses nouvelles, *rerum novarum semper studiosi*, tout moyen est bon pour briser sa puissance ; *il faut profiter de tous les avantages obtenus pour épuiser la victoire et en ti-*

---

(1) Circulaire de M. Chaudordy, délégué des affaires étrangères à Tours, envoyée le 29 novembre 1870 à tous les agents de la France à l'étranger ; circulaire qui n'a pas été réfutée et dont nous ne rapportons qu'une faible partie. Nous savons pertinemment que bien des soldats prussiens ont eu le cœur navré de tant d'atrocités.

rer le plus de profit possible (1). » Encore une fois, qui est l'auteur vrai de tant d'humiliations, de désastres et de la grandeur prussienne, et de la persécution religieuse ? N'est-ce pas l'hypocrite politique de Napoléon III, acclamée par une majorité stupide et insensée ? En effet, sans la guerre d'Italie, en 59, le Pape jouirait tranquillement de son domaine et de son indépendance, il n'y aurait pas eu de menées conspiratrices entre la Prusse et la France, ni de Bismark sur la scène politique. Sans l'intervention perfide de Napoléon dans la question danoise, la guerre contre l'Autriche n'eût pas été possible ; sans l'alliance de l'Italie, favorisée par Napoléon, avec la Prusse, celle-ci n'aurait pas eu son Sadowa en Bohême, et, sans Sadowa, la guerre avec la France devenait une chose insensée, et l'empire de la Prusse, qui commence à Sedan, n'eût pas été proclamé à Versailles, devant Paris se débattant dans les tortures de la faim et dans les convulsions du désespoir. Voilà en quelques mots l'enchaînement des faits politiques, dont la logique crève les yeux des plus aveugles.

Entendez un organe de Bismark, comme il exprime sa reconnaissance envers l'ex-empereur : « Napoléon nous a aplani les voies pour l'unité allemande ; il a renversé des préjugés dans la diplomatie ; il a intro-

---

(1) *L'Alsace et la Lorraine*, Leipzig, 1870. Der Sieg wird ausgebeutet werden.

4.

duit dans le droit européen l'*idée de la nationalité*, et par là, il a posé le *fondement* sur lequel nous avons continué à bâtir. Il a chassé les Habsbourg de l'Italie et amoindri leur puissance, et par là il a ébranlé en Allemagne leur position et leur influence (1). »

Aussi, voyez les efforts désespérés que la France abattue est obligée de faire pour maintenir son indépendance nationale et relever son rang parmi les peuples. Dans le but de payer sa rançon et de réorganiser ses finances, ainsi que son armée, elle est forcée de se créer, chose qui ne s'est jamais vue chez aucun gouvernement, un budget de près de *trois milliards ;* tout ce que vous mangez, tout ce que vous buvez, toutes les étoffes dont vous vous revêtez, tout ce que vous brûlez ; tout ce qui sert à exprimer votre pensée : matière première, sucre, café, vin, eaux-de-vie, huile, lin, coton, soie, papier, tout, jusqu'aux allumettes chimiques, est timbré, taxé, surtaxé. Le fisc, cet autre Prussien, avec sa main de fer inexorable, est en tout et partout, pour extorquer en France, au pauvre comme au riche, le fruit de son travail et de sa sueur (2). De plus, à l'imitation de notre vainqueur, la France, pour sauvegarder son existence même, est contrainte de se transformer également en un camp, d'appeler sous les armes tous ses enfants valides, de

(1) La *Post* de Berlin, 1870, après Sedan.
(2) En France, l'État paye annuellement près d'un milliard et demi de dettes (1,453 millions), en rentes et dotations.

les exercer et de s'imposer les plus lourds sacrifices.
Par suite de cette situation anormale, violente, unique
dans les annales de l'histoire, toutes les puissances de
l'Europe, grandes ou petites, catholiques, schismati-
ques et protestantes, sont entraînées à des armements
formidables, qui épuisent toutes leurs ressources ; elles
augmentent leur état militaire. Une défiance, une in-
quiétude générale s'est emparée des peuples et des
gouvernements, *in terris pressura gentium* (1). Tous se
sentent menacés dans leur existence. Et pourquoi ces
angoisses universelles ? Parce qu'il n'y a plus ni bonne
foi, ni confiance, ni équilibre, depuis que Bismark a
osé proclamer et réaliser cette fameuse maxime, em-
pruntée aux plus mauvais jours du paganisme : « La
force prime le droit. »

L'état de paix du continent nécessite sur pied près
de trois millions de soldats, et entraîne pour les armées seules une dépense annuelle de près de trois
milliards de francs ; l'état de guerre triplera cette
somme en capital d'hommes et d'écus, sans compter
la perte des forces productives occasionnées par ce
déploiement ruineux et inusité de servitudes militaires. Encore une fois, pourquoi un armement aussi
considérable ? pourquoi tant d'inquiétudes ? C'est qu'il
n'y a plus d'Europe chrétienne ni de traités qui lient
les puissances. En effet, où sont les traités de Vienne,

(1) Luc, XXI, 25.

de Paris, de Villafranca, de Prague? Que sont-ils devenus? Des toiles d'araignées, qui arrêtèrent quelque temps les mouches, mais laissèrent passer les lions. Tout est livré à la violence, à l'arbitraire, au bon plaisir du plus fort. La Russie, secrète alliée de la Prusse, profita de nos désastres pour déclarer aux oreilles de l'Angleterre stupéfaite, dans la conférence de Londres, en 1871, avec une franche crudité de langage, qu'elle dénonce le traité de Paris de 1856, qui lui barrait le chemin de Constantinople, et qu'elle estime que ces sortes de contrats n'obligent que les puissances trop faibles pour les rompre. Il faut remonter aux plus tristes époques de la barbarie, pour trouver un pareil mépris des engagements les plus solennels. C'est pourquoi le même Gortschakoff, ayant touché la main de Bismark, après l'entrevue des trois empereurs à Berlin, en 1872, a raison d'affirmer « qu'elle n'a pu aboutir à un résultat positif, et que ce qu'il y a de mieux, c'est qu'on n'y ait arrêté aucun protocole par écrit. » Pourquoi n'a-t-on rien écrit dans cette visite politique des trois plus grands souverains de l'Europe? Parce que personne n'a plus aucune confiance, ni dans les paroles, ni dans les écrits, ni dans les traités. Les souverains peuvent se visiter, se faire des compliments réciproques, se donner en spectacle, porter leur santé dans des toasts plus ou moins ronflants. Cela ne tire plus à conséquence. Quoi qu'ils fassent et disent, l'opposition des intérêts ne trouve plus un terrain commun pour y placer une convention durable.

La *France* est provisoirement abattue et mutilée.

L'*Autriche* ressemble à un corps brisé qui cherche son centre de gravité. Elle est surveillée, d'un côté par le pangermanisme, de l'autre par le panslavisme. Elle ne pourra jamais pardonner à la Prusse de l'avoir jetée violemment hors de l'Allemagne, dont elle fut la gloire et la protectrice durant des siècles.

L'*Angleterre* se renferme dans son égoïsme mercantile et ses balles de coton, égoïsme qui menace de devenir son tombeau.

L'*Italie*, digne alliée de la Prusse, sous l'instigation de cette dernière, après Sedan et sans déclaration de guerre, s'est emparée des États d'un vieillard désarmé, père de la foi de ses peuples et de tous les catholiques de l'univers.

L'*Espagne* s'épuise dans les convulsions de l'anarchie.

La *Turquie* reste toujours le grand malade, toujours mourant, et dont les dépouilles convoitées sont un embarras universel.

La *Russie* elle-même, jadis la puissance prépondérante et la fière protectrice de la Prusse et de l'Allemagne, est assiégée sur la mer Baltique, sur la Néva et à Saint-Pétersbourg, par sa pupille victorieuse, qui convoite et caresse trois de ses plus belles provinces, la Courlande, la Livonie et l'Estonie. Elle est rejetée vers l'Orient, et le testament de Pierre le Grand se trouve ajourné, sinon complétement annulé. Malgré la secrète alliance de deux cours, elle a eu son Sadowa et son Sedan dans les humiliations de la France. Tôt ou tard la Russie et l'Allemagne se brouilleront ; leurs intérêts sont aussi opposés que l'eau et le feu sur le Danube, qui doit rester fleuve allemand. Jamais l'Allemagne ne pourra permettre que les bouches du Danube soient entre les mains de la Russie (1).

-- La *Prusse*, hier la puissance la plus faible des cinq grandes, domine aujourd'hui toutes les autres. Avec son million et demi de baïonnettes exercées, qu'elle peut rapidement mobiliser et jeter sur un champ de bataille quelconque ; avec sa puissante artillerie, qu'elle se hâte de doubler au moyen de nos milliards, elle ressemble au lion rugissant, qui tourne autour de sa proie, cherchant à la dévorer.

Depuis 1866, un état militaire en Prusse, comme jamais ni l'empire romain, ni l'empire du premier Napoléon n'en ont donné l'exemple, rend tout précaire et incertain. Ajoutez encore à cette perturbation de tous les intérêts politiques, militaires, civils, économiques, la guerre religieuse que la Prusse vient de déclarer aux institutions catholiques, aux ordres reli-

(1) La Russie est une des causes de la grandeur de la Prusse, par son attitude en 1866 et en 1870, Elle a paralysé la France et l'Autriche. De là les chaleureux remerciments de Guillaume.

gieux, aux Jésuites, aux Liguoriens et aux congréga-
tions enseignantes, à la hiérarchie, à toutes les forces
vives du catholicisme, et vous aurez la valeur de toutes
ces maximes menteuses, hypocrites, empruntées au
napoléonisme dont on cherche à duper les niais :
« L'empire allemand, c'est la paix. Le roi pourra
fonder, dans le cœur de l'Europe, *la paix des peuples*,
par une grande patrie allemande qui sera *le foyer de la
crainte de Dieu, des bonnes mœurs et de la liberté* (1).
Dieu veuille qu'après une guerre si glorieuse, la tâche
du peuple allemand soit désormais de triompher *dans
les travaux de la paix* (2). Le nouvel empire allemand
veut être le foyer certain de la paix (3). A cet effet il
fera tous ses efforts afin d'entretenir des relations
amicales avec la Russie et l'Autriche, ses plus puissants
voisins, dans le but de rassurer l'opinion publique. »
Paroles inspirées par l'entrevue de Gastein et répétées
sur tous les tons, par suite de l'entrevue des trois empereurs à Berlin. Nous le demandons à tout homme
de sens, comment la *paix*, la *liberté*, les *bonnes mœurs*
et la crainte de *Dieu* sont-elles possibles avec la caserne prussienne, qui, du Niémen, s'étend jusqu'à Avri-
court, et englobe tout le nouvel empire allemand ; et

(1) Dépêche du roi de Prusse, du 18 août, après la victoire à
Gravelotte.
(2) Discours du trône au premier parlement allemand.
(3) Ein zuwerlässiger Hort des Friedens, 16 octobre 1871.
Deuxième session du parlement.

dont tous les échos retentissent de ces cris de fous fu-
rieux : « Mort au romanisme ! l'esprit germain domi-
nera le monde ; les peuples néo-latins ont vécu. Il nous
faut un pape germain. La Prusse ne permettra pas à
un congrès de limiter ses frontières. Elle s'unira de
force ou de gré les îles et provinces allemandes de la
Baltique, la Hollande, la Flandre, la Suisse allemande,
les provinces allemandes de l'Autriche. Elle formera
un empire national presque universel, qui bravera la
coalition de tous les peuples. Et dans cet empire la
France ne sera qu'une Irlande, qu'une Pologne, qu'une
Espagne divisée et impuissante (1). » Voilà l'assurance
de la paix. Il est aussi impossible à la Prusse de rester
immobile et de renoncer à des conquêtes futures qu'il
l'est au soleil de s'arrêter dans sa course. La voix sou-
terraine et occulte des libéraux et des francs-maçons,
qui l'ont créée et dont Bismark n'est que le fidèle servi-
teur, lui crie : *En avant, marche !* Il faut qu'elle avance
ou qu'elle périsse. Nous osons porter à la Prusse le défi
d'assurer la paix, qui est aujourd'hui aussi impossible
que la quadrature du cercle. Nous n'avons qu'une sus-
pension d'armes, qu'une trêve momentanée, rien de
plus. L'ange de la guerre n'a pas encore mis son épée
dans le fourreau.

Quant *à la crainte de Dieu* et *aux bonnes mœurs*

(1) Feuilles politiques et historiques de Munich, 1872, et la
brochure de Wagner.

dont l'univers sera gratifié par le nouvel empire, Berlin, la métropole, nous donne là-dessus un curieux échantillon. Les masses protestantes y sont sorties du christianisme. Sur cent protestants il en est *un* qui fréquente le temple. Il n'est pas rare que, dans des paroisses de plus de 600 âmes, le pasteur ne puisse faire son office les dimanches et les fêtes, faute d'auditeurs. On a calculé que sur 1,000 décès à Berlin, *un* est encore chrétien, et que sur 23,000 enterrements, 19,858 se font sans l'assistance d'aucun ecclésiastique. Pour les mariages, très-peu de filles portent la couronne, signe d'une honnête vie. La plupart des fiancés se passent de la bénédiction nuptiale. Sur dix ménages il existe un divorce. Dans cette prétendue capitale de l'intelligence et de la science, la prostitution ne connaît pas de bornes. Tous les rangs de la société sacrifient annuellement sur l'autel de Vénus et de Bacchus, outre la santé publique, plus de 100 millions de francs. Les vols avec effraction, les attentats aux mœurs, la superstition, la sorcellerie, le paupérisme et le socialisme font des progrès effrayants. Personne n'y est en sûreté, ni le jour, ni la nuit, ni pour sa bourse, ni pour son honneur (1). Il en est de même, proportion gardée, dans les autres villes protestantes de l'Allemagne.

Cependant la Prusse, menaçant par son organisation militaire continuellement la paix universelle, est-

(1) Feuilles politiques et historiques de Munich, 1872.

5

elle vraiment le *colosse invincible* qui puisse impunément écraser tous ses voisins et réaliser ses folles pré-
tentions? Oui, aux yeux de quiconque se laisse aller
aux apparences, mais non, mille fois non, devant la
saine appréciation des choses. Tout le monde avouera
que la Prusse, devenue le nouvel empire allemand,
n'est qu'un état militaire, absolu, bureaucratique, protestant, élevé rapidement sur les ruines de ses voisins.
Ce n'est que le triomphe violent, éphémère d'un parti.
En persécutant maladroitement ses quatorze ou quinze
millions de catholiques, il les rend nécessairement ses
ennemis secrets, qui briseront, l'occasion donnée,
l'oppresseur de leur conscience. Cet empire n'a de
racines profondes ni dans *son histoire,* qui date de
l'époque néfaste de la Réforme ; ni dans les mœurs
de *ses sujets,* encore demi-barbares ; ni dans les affections des populations allemandes, qui, sauf quelques
fonctionnaires libéraux, francs-maçons, regardent toutes comme une injure d'être prussiennes. Le nom de
Prussien est devenu synonyme de *loup-garou,* dont
on effraye les enfants. Une paysanne alsacienne disait
dernièrement à un officier prussien, qui lui demandait
pourquoi elle ne voulait pas être Prussienne : « C'est
que le diable en enfer serait honteux d'être Prussien.»
Cet empire n'est donc pas *assis* ni *fondé.* Il ressemble
à un immense tonneau fait de mauvais bois, cerclé de
fer et rempli d'un vin nouveau en fermentation. Il
crèvera et sautera en éclats. Il se heurtera forcément

contre des difficultés intérieures et extérieures. Déjà l'ancien ministre Manteuffel, dans la chambre des seigneurs, jette le cri d'alarme : « Je vois venir le jour où la puissance royale sera à son tour mise en question. Je prie Dieu d'éloigner ce moment critique, car alors l'alternative ne sera plus : *sacerdoce* ou *royauté,* mais *prolétariat* ou *monarchie.* » La Prusse a aujourd'hui contre elle :

La *défiance* de tous les peuples de l'Europe ;

La *défiance* de ses confédérés ;

La *révolution* cosmopolite, dont elle est l'incarnation. Aucun pays n'est dans ce moment plus travaillé par l'*Internationale,* qui inscrit sur son drapeau rouge :

Plus de gouvernements qui nous accablent d'impôts ;

Plus d'armées permanentes qui nous tuent ;

Plus de religions qui nous abrutissent ;

Plus de propriété qui nous rende esclaves.

Le nouvel empire allemand ne peut pas non plus invoquer un passé glorieux ou le dévouement des peuples ; il n'a d'autre soutien, ni de durée, que la pointe des baïonnettes, sur lesquelles on peut momentanément s'appuyer, mais jamais s'asseoir. Il est sorti du champ de bataille ; il a pour ciment le sang d'innocentes victimes, les larmes, les gémissements des veuves et des orphelins du Danemark, de l'Allemagne, de l'Autriche, de la Pologne, de la France, qui crieront vengeance au ciel.

L'épée l'a fait comme celui de Nabuchodonosor, d'A-
lexandre, d'Attila le fléau de Dieu, de Tamerlan, de
Napoléon I. L'épée le brisera; ses victoires lui ont
amassé un trésor de haines; il passera comme un météore
effrayant. Il tombera sous les coups de la malédiction
universelle. Déjà aujourd'hui l'émigration y est devenue
une calamité publique dans le Nord, et les populations
du Sud, en majorité catholiques, à raison de la persécution religieuse, le détestent presque à l'égal de l'Alsace et de la Lorraine, tandis que leurs souverains
insensés commencent à voir qu'ils se sont détrônés de
leurs propres mains, qu'ils n'ont travaillé que pour le
roi de Prusse. Les catholiques allemands, trop naïfs
et trop confiants dans les promesses du gouvernement
prussien, sont également aujourd'hui convaincus que la
croisade qu'ils ont si stupidement prêchée à Fulda et
dans les chaires chrétiennes, comme dans tous les journaux, contre la France, n'était rien moins qu'*une chose
sacrée*, et qu'en applaudissant au succès de la Prusse, la
grande patrie allemande s'est changée en marâtre, qui
les persécute et les traque de toute manière. Quoi qu'il
en soit, tous les intérêts religieux, civils, politiques, économiques (1), qui ont besoin de repos et de tranquillité,

(1) Les choses de première nécessité ont augmenté du double
en Prusse. Un thaler (3 fr. 75 c.) était autrefois le gain ordinaire
de l'ouvrier. Aujourd'hui, aucun ouvrier ne peut plus vivre
sans un thaler et demi. Par conséquent, la classe ouvrière est
de 25 pour 100 plus pauvre qu'auparavant. En d'autres termes,

se coaliseront pour le renverser. Les peuples, broyés par ce militarisme écrasant, intolérable anachronisme dans l'état actuel de la civilisation, demanderont la paix, la liberté, la diminution des impôts. Dans un avenir prochain, leurs cris, forcément entendus de tous les gouvernements, seront le *caillou*, dont a parlé Pie IX, qui réduira en poudre, comme de l'argile, la structure de fer des Hohenzollern. Ils réaliseront la prophétie de Hermann de Leiningen. La *Prusse disparaîtra* comme grande puissance de l'Europe. *Borussus non stabit.* Et les anges, les saints du ciel, et tous les honnêtes gens de la terre applaudiront à cette chute méritée, ainsi qu'ils ont applaudi à la chute de l'empire des Césars de Rome et de celui d'Attila. *Cecidit Babylon.* Un moment arrivera où Bismark, dans le désespoir, s'écriera avec le superbe Aman d'*Esther* :

« Il (Guillaume) sait qu'il me doit tout, et que pour sa grandeur
« J'ai foulé sous les pieds remords, crainte, pudeur ;
« Qu'avec un cœur d'airain exerçant sa puissance,
« J'ai fait taire les lois et gémir l'innocence ;
« Que des peuples, pour lui, bravant l'aversion,
« J'ai chéri, j'ai cherché la malédiction. »

(*Esther*, acte III.)

Dans la nouvelle guerre qui se prépare, l'empire de

les citoyens les moins fortunés, patriciens ou plébéiens, ont payé l'unité de l'Allemagne et la conquête de l'Alsace du quart de leur bien-être, sans compter les morts et les désastres commerciaux. A Berlin, sur 100 habitants, il y a 52 pauvres. (Correspondant de Berlin du *Daily-Telegraph*.)

5.

Prusse antichrétien et celui de la Turquie disparaî-
tront probablement pour toujours. La justice éternelle sera vengée. La solution de la question orien-
tale et celle de la souveraineté temporelle du pape
sont aujourd'hui intimement liées à la destruction de
l'empire germanique. Tous ces graves problèmes se
résoudront en même temps. Un congrès forcément
se réunira pour régler l'Europe et les destinées du
monde entier. On dira peut-être, selon la prédiction
de de Maistre, la messe à Sainte-Sophie de Constantinople. Le Verbe incarné triomphera de ses ennemis,
du *mahométisme, du protestantisme et de la révolution,* qui serviront d'escabeaux, d'instruments à son
futur triomphe. *Il s'approchera de l'Ancien des jours et
le Père Éternel lui donnera la domination de tous les
peuples de la terre pour toujours* (1). Le Pape sera
rétabli sous une forme ou sous une autre, dans ses
droits. Alors *il y aura un seul pasteur et un seul troupeau.* Toutes les tribus humaines entendront la bonne
nouvelle de l'Évangile et accompliront leurs destinées.
Dans cette régénération et ce renouvellement de l'ordre européen et universel, la France de Clovis, de

(1) Daniel, VII, 21. Donec venit antiquus dierum et judicium
dedit sancti excelsi et tempus advenit et regnum obtinuerunt
sancti.

Regnum autem et potestas et magnitudo regni, quæ est subter
omne cœlum, datur populo sanctorum altissimi, cujus regnum
sempiternum est, et omnes reges servient et obedient.

Charlemagne, de saint Louis, sera de nouveau le soldat armé du Christ. Tous les peuples opprimés l'accompagneront de leur sympathie, de leurs prières, et quelques-uns de leur assistance matérielle. Les catholiques de l'Allemagne, de l'Italie et de la Suisse, instruits à la dure école de l'expérience, avoueront que l'Antechrist n'est pas sur les bords de la Seine, que l'ennemi héréditaire de leur vraie liberté, *der Erbfeind*, ce n'est *pas la France*, mais les gouvernements inspirés par le mauvais génie de Bismark, de Cavour et de leurs satellites, devenus les persécuteurs de la foi, pour laquelle leurs pères ont versé tant de sang et de trésors. Ils se souviendront de leur glorieux passé. Ils feront d'énergiques efforts pour ressembler à leurs ancêtres, rompre leurs chaînes et reconquérir la liberté de leur conscience (1). Ils ne se laisseront plus aller à la duperie d'une politique infernale.

En avant donc, ô France, patrie des croisades ! Prépare ton ancienne épée, qui a brisé les institu-

---

(1) Le gouvernement de Berlin reproche aux catholiques de l'Allemagne de manquer de *patriotisme ;* mais ils peuvent victorieusement lui répliquer : Qui a déchiré l'Allemagne? N'est-ce pas le protestantisme? Qui a imploré le bras de l'étranger contre l'empereur catholique? N'est-ce pas encore le protestantisme? Si aujourd'hui les catholiques allemands s'avisaient de s'appuyer sur l'Autriche ou sur la France pour demander la protection des *intérêts de leur conscience,* qui priment le fanatisme de l'unité allemande, ne seraient-ils pas justifiés aux yeux du droit naturel, divin et historique?

tions politiques de l'arianisme et du mahométisme,
menaçant la religion du Christ ; aujourd'hui tu as pour
noble mission de faire *une nouvelle croisade* et de délivrer la terre de l'empire antichrétien du protestantisme et de la franc-maçonnerie, personnifié dans la
Prusse et l'Italie, son alliée. La Providence miséricor-
dieuse ne t'a envoyé des désastres épouvantables que
dans le but de te purifier et de te rendre apte à remplir
ta haute vocation. Régénérée dans le malheur, appelle
tous tes enfants valides à faire l'œuvre de Dieu. A l'imitation de nos pères les croisés, ils répondront géné-
reusement à ton appel. Sous la protection du Très-
Haut et de Celle *qui est le marteau de toutes les
hérésies*, aie confiance en toi-même ; dans la justice de
ta cause, dans la réclamation de deux provinces violemment arrachées ; *rerum repetitio.* Si tu sais t'unir
et adopter une vraie politique conservatrice et protectrice de l'Église, tu as dix fois plus de ressources
que l'Allemagne, enrichie de nos milliards. Son unité
n'est faite, ni dans les esprits, ni dans les cœurs. Elle
est plus divisée que jamais. Tu n'as été momentanément
abattue que pour te relever plus glorieuse; mais renonce pour toujours au faux système *des bouleverse-
ments sociaux et des conquêtes violentes. L'Alsace et la
Lorraine* sont une preuve vivante que les annexions
forcées restent un anachronisme, un immense malheur pour notre époque, où tous les intérêts vitaux des
peuples s'enchevêtrent les uns dans les autres, comme

les divers rameaux d'un arbre robuste, comme les
divers membres du corps humain. Séparer violemment
des provinces d'un pays, qui, par un travail de plusieurs siècles, se les est assimilées, en les imprégnant
de son esprit, en leur infusant son âme; vouloir les fa-
çonner brutalement sur un autre modèle, c'est arrêter toute vie sociale, couper en morceaux toutes
les institutions, toutes les familles, par conséquent
engendrer la haine, le mécontentement universels;
c'est affaiblir et non fortifier les États et créer un
danger perpétuel de guerre. Des conquêtes morales,
l'affection, la sympathie des peuples, non leur oppression, ni leurs larmes, ni leurs gémissements, voilà le
rôle naturel et historique de la France. Donc, ô grande
patrie de Clovis, de Charlemagne, de saint Louis,
songe sérieusement à refaire ton unité perdue et à
délivrer tes enfants si dévoués de l'Alsace et de la
Lorraine, que tu as abandonnés toi-même aux fers du
vainqueur, contre tout droit et toute justice.

Songe sérieusement à réparer l'honneur national si
honteusement flétri à Sedan, dans la capitulation de
Metz, dans les maudits traités de Versailles, de Bordeaux et de Francfort.

Songe à reconquérir notre place au concert des
peuples. Une nation, pas plus que l'individu, ne vit
uniquement de pain et d'intérêts matériels. Elle doit
se mouvoir dans une sphère plus haute.

Songe à redonner à l'Italie et à l'Allemagne la vraie

liberté de conscience, la civilisation chrétienne, en assurant les droits de l'Église catholique et ceux des peuples opprimés.

Songe à rétablir la paix, si désirée dans le monde entier, à briser à jamais le militarisme prussien et par lui européen, qui épuise toutes les ressources économiques des sociétés, compromet tous les intérêts politiques, religieux, sociaux de l'univers, et menace sans cesse la terre d'une conflagration générale.

Ramasse les tronçons de ton épée brisée, pauvre France ; panse tes blessures, travaille et prends courage, *labora et noli contristari ;* pousse le cri que Bourbon poussait au lendemain d'Azincourt, le cri chrétien et français : *Espérance* (1).

O France ! un regard *sur ton passé, sur ton présent, sur ton avenir.* L'honneur, la justice, le sentiment de solidarité, même celui de ton existence, te crient : Revanche prompte et éclatante ! A bas la Prusse ! Périsse à jamais le gouvernement hypocrite, impie, agresseur, despotique, persécuteur de Berlin ! Maudits ceux qui le soutiendront ! Bénis ceux qui le renverseront ! Qu'il tombe à jamais, au nom du droit, de la liberté, de la civilisation et du repos du monde ! *Fiat ! Fiat !*

(1) Duc d'Aumale, le 3 avril 1873, dans son discours à l'Académie.

Paris. — Typ. de Georges Chamerot, rue des Saints-Pères, 19.

www.ingramcontent.com/pod-product-compliance
Lightning Source LLC
LaVergne TN
LVHW050621090426
835512LV00008B/1590